ÜBERSEE-STUDIEN
ZUM HANDELS-, SCHIFFAHRTS- UND VERSICHERUNGSRECHT

Herausgegeben von
Prof. Dr. HANS MÖLLER
in Hamburg

HEFT 37

Ladezeit, Löschzeit und Eilgeld

Von

DR. STAVROS KINTIS

1974

WALTER DE GRUYTER · BERLIN · NEW YORK

ISBN 3 11 004671 7

Printed in Germany.

Satz und Druck: Saladruck, 1 Berlin 36
Buchbindearbeiten: Wübben & Co., Berlin

MEINEN ELTERN

INHALTSVERZEICHNIS

Dritter Teil
Dauer der Lade- und Löschzeit

Vierter Teil
Berechnung der Lade- und Löschzeit

Fünfter Teil
Ende der Lade- und Löschzeit

Sechster Teil
Eilgeld

ABKÜRZUNGSVERZEICHNIS

Für alle übrigen in der Arbeit verwendeten Abkürzungen wird verwiesen auf: *Kirchner*, Abkürzungsverzeichnis der Rechtssprache, 2. Auflage, Berlin 1968.

A. C.	Law Reports; Appeal Cases
A. M. C.	American Maritime Cases
BIMCO	Baltic and International Maritime Conference
C. A.	Cour d'appel
C. A.	Court of Appeal
C. civ.	Code civil
Cir.	United States Court of Appeals (1st Circuit, 2d Circuit usw.)
D. N.E . E.	Deltion Nautikou Epimeleteriou Hellados
D/ne	Dekaiosyne (Zeitschrift)
D. M. F.	Droit Maritime Français
Dor	Revue de droit maritime comparé
Dor. Sup.	Revue de droit maritime comparé, supplément
E. E. N.	Ephemeris Hellenon Nomicon (Zeitschrift)
E. Emp. D.	Epitheoresis Emporikou Dikaiou (Zeitschrift für griechisches Handelsrecht)
Fed.	National Reporter System, The Federal Reporter (zit. nach Band und Seite)
Hansa	Hansa, Zeitschrift für Schiffahrt — Schiffbau — Hafen
HGZ	Hanseatische Gerichtszeitung
HansOLG	Hanseatisches Oberlandesgericht
HRGZ	Hanseatische Rechts- und Gerichtszeitschrift
HRZ	Hanseatische Rechts-Zeitschrift
H. L.	House of Lords
JbAkDR	Jahrbuch der Akademie für deutsches Recht
JW	Juristische Wochenschrift
K. I. N. D.	Kodex Idiotikou Nautikou Dikaiou (griechischer Kodex des privaten Seerechts)
LG	Landgericht
Ll. L. Rep.	Lloyd's List Law Reports (bis 1950)
Lloyd's Rep.	Lloyd's List Law Reports (ab 1951)
N. E. E.	Nautikon Epimeleterion Hellados
Nautika Chronika	Nautika Chronika (griechische Schiffahrtszeitschrift)
N. N.	„Nautiliaka Nea" (griechische Schiffahrtszeitschrift)
NJW	Neue Juristische Wochenschrift
NoB	Nomiko Bema (griechische juristische Zeitschrift)
OLG	Oberlandesgericht
Q. B.	Queen's Bench Division
Q. B.	Law Reports, Queen's Bench Division
RG	Reichsgericht

RGZ	Entscheidungen des Reichsgerichts in Zivilsachen
ROHGE	Entscheidungen des Reichsoberhandelsgerichts
R. I. D. M.	Revue internationale de droit maritime (Autran)
Schutzv.	Schutzverein Deutscher Rheder
Themis	Themis (juristische Zeitschrift)
Trib. com.	Tribunal de commerce
W. L. R.	Weekly Law Reports

LITERATURVERZEICHNIS

Abraham	Das Seerecht, Grundriß, 3. Auflage, Berlin 1969.
Anastasiadis	Hellenikon Emporikon Dikaion, 4. Auflage, Bd. II, Athen 1937.
Aisenstein	Staries et Surestaries en droit français et comparé, Paris 1965.
Boyens	Lewis-Boyens, Das deutsche Seerecht, Bd. II, Leipzig 1901.
Capelle	Die Frachtcharter in rechtsvergleichender Darstellung, Rostock 1940.
Capelle	Zur Auslegung von Charterklauseln, in: HRGZ A 1932 Sp. 127—144.
Carver	Carriage of Goods by Sea, 11th Edition, Volume II, by Colinvaux, London 1963.
Chorley-Giles	Shipping Law, 5th Edition, London 1963.
Ehlers	Zur Frage der Berechnung des Eilgeldes nach der Americanized Welsh Coal Charter, in: Hansa 1957 S. 1514—1516.
Fraikin	A propos des clauses de Despatsch Money, in: D. M. F. S. 131—137.
Helmers	Nochmals zur Auslegung des Begriffs "weather working day", in: Hansa 1955 S. 1520.
Ivamy	Strike Clauses in C/P, in: Law Journal 1959 S. 339 bis 340.
Ivamy	Cancelling Clauses in Voyage Charterparties, in: Law Journal 1962 S. 36—38.
Jantzen	Quelques observations sur la clause: "So near as" (aussi près que possible), in: Dor tome 25 S. 1—7.
Kolymbas	He kata to arthron 112 tou Kodikos Idiotikou Nautikou Dikaiou endedeigmene dia ten Pfortosin Thesis, in: D. N. E. E. Heft 7 S. 11—12.
Laun	Die Anzeige der Ladebereitschaft, in: Hansa 1951 S. 239—241.
Lebuhn	Berechnung der Ladezeit und des Eilgeldes bei Vereinbarung einer Ladungsmenge per "workable hatch", in: Hansa 1954 S. 1755, Hansa 1955 S. 1568.
Lindenmaier	Zur Anzeige der Ladebereitschaft, in: Hansa 1951 S. 204—205.
Lindenmaier	Die bisherige Arbeit des Seerechtsausschusses der Akademie für deutsches Recht, in: JbAkDR 1939/1940 S. 105—138 (zit.: Lindenmaier JbAkDR).
Lyon-Caen et Renault	Traité de Droit commercial, 5e éd., tome V, Paris 1931.

Maclachlan	A Treatise on the Law of Merchant Shipping, 7th Edition by Pilcher and Bateson, London 1932.
Mittag	Das Liegegeld, Dissertation Hamburg 1935.
Pagoulatos	Analyses, asapheiai kai elleipseis tou naulosymphonou Gencon, in: N. N. Heft 281 S. 13—14, N. N. Heft 282 S. 16—18, N. N. Heft 283 S. 19—20, N. N. Heft 284 S. 17—19.
Papamichalopoulos	Ai Staliai eis ten Thalassian Metaphoran, Athen 1948.
Papamichalopoulos	Ai Epistaliai es ten Thalassian Metaphoran, Athen 1956 (zit.: Papamichalopoulos Epistaliai).
Pappenheim	Handbuch des Seerechts, Bd. III, München und Leipzig 1918.
Payne	Carriage of Goods by Sea, 7th Edition by Ivamy, London 1963.
Peters	Der Beginn der Liegezeit nach See- und Binnenschiffahrtsrecht unter Berücksichtigung gebräuchlicher Charterformulare, Dissertation Hamburg 1964.
Poor	American Law of Charter Parties and Ocean Bills of Lading, 4th Edition, New York 1954.
Prüssmann	Kommentar zum Seehandelsrecht, München 1968.
Ripert	Droit Maritime, 4e éd., tome II, Paris 1952.
Rodière	Traité General de Droit maritime, tome I, Paris 1967.
Rørdam	Treatises on The Baltcon-Charterparty, Copenhagen 1954.
Rørdam	Eis-Hindernisse und Eis-Klauseln, in: Hansa 1957 S. 2440—2444.
Schaps-Abraham	Das deutsche Seerecht, Kommentar und Materialsammlung, 3. Auflage, Bd. II, Berlin 1962.
Schlegelberger-Liesecke	Seehandelsrecht, 2. Auflage, Berlin—Frankfurt a. M. 1964.
Scrutton	Charterparties and Bills of Lading, 17th Edition by McNair, Mocatta and Mustill, London 1964.
Sieveking	Das deutsche Seerecht, Hamburg 1907.
Smeesters-Winkelmolen	Droit Maritime et Droit Fluvial, 2e éd., tome II, Bruxelles 1933.
Sotiropoulos	He Enarxis tou Chronou Anamones, in: D. N. E. E. Nr. 19 S. 12—18.
Summerskill	Laytime, London 1966.
Tiberg	The Law of Demurrage, Uppsala 1960.
Tiberg	The Claim for Demurrage, Göteborg 1962 (zit.: Tiberg The Claim).
Tsangaris	Hermeneia tou Kodikos Idiotikou Nautikou Dikaiou (Kommentar zum griechischen Seegesetzbuch), Piräus 1958.
Trappe	"Weather working day", in: Hansa 1957 S. 2140 bis 2141.

Warneken — Lade- und Löschfristen im Seerecht, Dissertation Erlangen 1908.

Warot — La clause «Aussi près que ...» et les clauses de «Safe port» et de «Safe berth» dans les charter-parties, in: D. M. F. 1960 S. 323—329.

Wüstendörfer — Neuzeitliches Seehandelsrecht, 2. Auflage, Tübingen 1950.

Wüstendörfer — Das Seeschiffahrtsrecht, in: Handbuch des gesamten Handelsrechts, herausgegeben von Ehrenberg, Bd. 7, Abteilung II, Leipzig 1923 (zit.: Wüstendörfer HB).

CHARTER-PARTIES-VERZEICHNIS

Code Name	
Americ. Welsh Coal	Americanized Welsh Coal Charter 1953.
Aracon	The Baltic and International Maritime Conference Groundnut Charter, 1937 (amended 1950).
Austral	Chamber of Shipping Australian Grain Charter, 1928 (amended 1950).
Austwheat	Australian Grain Charter, 1956 (amended 1961).
Baltcon	The Baltic and White Sea Conference Coal Charter, 1921. For Steamers and Full Power Motor-Vessels. From East Coast of England and Scotch Ports to all Ports in the Baltic, Scandinavia and White Sea (amended 1950).
Baltpulp	Baltic Pulp and Paper Charter from Finland to United Kingdom and Continent (amended 1950).
Baltwood	Chamber of Shipping Baltic Wood Charter 1926 (amended 1950).
Benacon	Chamber of Shipping British North American (Atlantic) Wood Charter-Party, 1914 (amended 1950).
Britcont	Chamber of Shipping General Home Trade Charter, 1928 (for use only in trades for which there is no Chamber of Shipping charter) (amended 1950).
Canadawood	Pulpwood & Pitprop Charter — Canada.
Cemenco	Chamber of Shipping Cement Charter-Party 1922. For Steamers and Full Power Motor Vessels. For all Ports in Great Britain and Ireland and on the Continent between Elbe and Brest (amended 1950).
Centrocon	Chamber of Shipping River Plate Charter-Party (Homewards) (amended 1950).
Coastcon	Chamber of Shipping Coasting Coal Charter-Party, 1920 (amended 1950).
Contcoal	The Baltic and International Maritime Conference Continental Coal Charter 1945 (For Coal and Coke from Danzig/Brest Range).
Contwood	The Baltic and International Maritime Conference Woodcharter 1937.
C(Ore) 7	Mediterranean Iron Ore. Charter Party.
C(Ore) 8	Bay of Biscay Ports. Iron Ore. Charter Party.
Deuterzneu	Frachtvertrag für Erzladungen von Skandinavien, 1922.
Deutholzneu	Holz-Frachtvertrag. Ausgabe Mai 1940.
Deutgencon	Allgemeiner Einheits-Frachtvertrag. Ausgabe April 1940 (auf Grund der Gencon-Charter 1922).

Ferticon	Chamber of Shipping Fertilisers Charter, 1942.
Gencon	The Baltic and White Sea Conference Uniform General Charter, as revised 1922 (4 pages).
Gencon	The Baltic and White Sea Conference Uniform General Charter, as revised 1922 (2 pages).
Gencon	The Baltic and White Sea Conference Uniform General Charter (2 pages) Layout 1966.
Genorecon	The Baltic and International Maritime Conference General Ore Charter Party 1962.
Germancon-North	The Baltic and International Maritime Conference German Coal Charter 1957. For Coal, Coke and Patent Fuel from the Ruhr-District (Germany) to all Ports in Denmark, Finland, Norway and Sweden.
Hydrocharter	Norsk Hydro-Elektrisk Kvaelstofaktieselskab Charter Party (amended 1961).
Medcon	Chamber of Shipping East Coast Coal Charter Party 1922 (amended 1950).
Meditore	Chamber of Shipping Mediterranean Ore Charter, 1921 (amended 1950).
Merseycon	Chamber of Shipping Coasting Charter-Party, 1921. For Mersey District Ports (amended 1950).
Necore	Chamber of Shipping Mediterranean Ore Charter, 1922 (amended 1950).
Nubaltwood	Chamber of Shipping Baltic Wood Charter Party 1964 (Baltic and Norway to the United Kingdom and to the Republic of Ireland).
Nuvoy	The Baltic and International Maritime Conference Voyage Charter Party 1964.
Orecon	The Baltic and International Maritime Conference Ore Charter 1950, from Scandinavia to Poland.
Panstone	Chamber of Shipping Stone Charter-Party, 1920. For all British Ports, Channel Islands, and Continent between Elbe and Brest (amended 1950).
Papierholzcharter	Papierholz-Frachtvertrag der deutschen Zellstoff-, Papier- und Holzstoff-Industrie. 2. Ausgabe, Februar 1930.
Phoscon	The Baltic and White Sea Conference Phosphate Charter 1914 (From Belgian Ports to North Sea and Baltic Ports).
Pitwoodcon	Chamber of Shipping Pitwood Charter (France to Bristol Channel Ports) 1924.
Pixpinus	Chamber of Shipping Pitch Pine Charter, 1906 (amended 1950).
Polcon	The Baltic and International Maritime Conference Polish Coal Charter 1950.
Propcon	The Baltic and International Maritime Conference Prop and Pulpwood Charter 1937 (Baltic and Norway to Continent).

Russwood	Chamber of Shipping White Sea Wood Charter 1933 (amended 1950).
Saltcon	The Baltic and International Maritime Conference Salt Charter 1947 (For Salt from the Mediterranean to Norway) (amended 1950).
Scancon	The Baltic and International Maritime Conference Scandinavian Voyage Charter 1956.
Skanderz	Frachtvertrag für Erzladungen von Skandinavien, 1921.
Scanfin	Chamber of Shipping Wood Charter (Scandinavia and Finland), to the United Kingdom, 1924.
Scanorecon	The Baltic and International Maritime Conference General Ore Charter Party 1962. Scandinavian Terms 1966.
Sovcoal	The Baltic and International Maritime Conference Soviet Coal Charter 1962. For Coal, Coke and Coaltarpitch from the U. S. S. R.
Sovietwood	Chamber of Shipping Soviet Wood Charter Party 1961.
Spanfrucon	The Baltic and White Sea Conference Fruit Charter, 1926.
Steam Sugar	Steam-Sugar Nr. 5 Charter Party 1949.
Varangore	Varangore Charter Party, revised standard Form 1952.
Welcon	Chamber of Shipping Coasting Coal Charter-Party, 1913 (amended 1950).
Welsh Coal	Chamber of Shipping Welsh Coal Charter, 1896 (amended 1950).

EINLEITUNG

Neben der wirtschaftlichen und technischen Entwicklung ist die Zeitkomponente von größter Bedeutung in der Schiffahrt. Jede Zeitersparnis spielt eine erhebliche Rolle für die modernen Schiffe und die Interessen der Wirtschaft im allgemeinen. Die möglichst weitgehende Ausnutzung des Schiffes zugunsten der verschiedenen mit dem Transport verbundenen Interessen fordert möglicherweise dessen kürzeren Aufenthalt im Hafen. Diesem Bedürfnis dienen die Rechtsinstitute Ladezeit, Löschzeit und Eilgeld. Die Fragen dieser Rechtseinrichtungen erlangten daher eine ganz besondere Bedeutung im modernen Seeverkehr.

Im Zusammenhang mit der Ladezeit, Löschzeit und dem Eilgeld ergibt sich eine Reihe von Rechtsfragen, die zu einem sehr streitigen Bereiche des Seerechts gehören. Die Tatsache, daß die Parteien des Seefrachtvertrages sehr häufig über die Berechnung der Ladezeit, Löschzeit und des Eilgeldes streiten, beweist die praktische Erheblichkeit der mit den Lade- und Löschfristen zusammenhängenden Fragen.

Die vorliegende Arbeit ist als rechtsvergleichende Darstellung des deutschen, angloamerikanischen, französischen, belgischen und griechischen Rechts unter Berücksichtigung der Praxis geschrieben[1].

Das deutsche Handelsgesetzbuch hat eine ausführliche Regelung über die Ladezeit getroffen (§§ 567—576) und wiederholt die für das Laden geltenden Bestimmungen für das Löschen (§§ 594—602). Diese Regelung entspricht jedoch nicht mehr voll den wirtschaftlichen und technischen Zuständen des modernen Seeverkehrs. Dies ist darauf zurückzuführen, daß die seit dem Inkrafttreten des deutschen Handelsgesetzbuches unverändert gebliebenen gesetzlichen Vorschriften durch die nachfolgende Veränderung der Schiffahrtstatbestände zum größten Teil von der heutigen Lebenswirklichkeit entfremdet wurden.

Für das französische Recht kommt für die vorliegende Arbeit auch die neue französische Verordnung 66-1078 vom 31. Dezember 1966 in Betracht[2]. Diese Verordnung brachte aber, was die Hauptfragen der Lade- und Löschzeit betrifft, keine Anpassung des französischen Seerechts an

[1] Da sich die Regelung der einzelnen Rechtsordnungen zur Lade- und Löschzeit in vielen Fragen grundsätzlich deckt, wird eine selbständige Darstellung eines einzelnen nationalen Rechts nur dann erfolgen, wenn die Grundsätze in den behandelten Rechtsordnungen bedeutende Unterschiede aufweisen.

[2] Décret no. 66-1078 du 32 décembre 1966 sur les contrats d'affrètement et de transport maritimes.

die Rechtsbedürfnisse der modernen Verkehrsverhältnisse; sie hielt die veraltete Vorschrift des Art. 274 Code de commerce über die Ortsgebräuche aufrecht[3]. Ein modernes Seegesetz über die Lade- und Löschzeit fehlt also in Frankreich. Hinsichtlich des Eilgeldes enthält die neue französische Verordnung vom 31. Dezember 1966 überhaupt keine Vorschriften. Das französische Recht ist daher hauptsächlich durch eine Analyse der französischen Rechtsprechung und Wissenschaft festzustellen. — Das gleiche gilt für das belgische Recht.

Für das griechische Recht gelten die Vorschriften des Kodex des privaten Seerechts vom 1. September 1958[4]. Der Kodex des privaten Seerechts ist, soweit er an das deutsche Recht angelehnt ist, so veraltet wie sein Vorbild, so z. B. die Bestimmungen der Art. 128, 129 über den Beginn der Lade- und Löschzeit. Er enthält daneben jedoch auch gegenwartsnahe Vorschriften, wie z. B. die Bestimmungen über die Berechnung der Lade- und Löschzeit (Art. 117 Abs. 3, 129 Abs. 3).

Was das angloamerikanische Seerecht betrifft, gelten die Grundsätze des ungeschriebenen Common Law, die aus der reichen Fülle der Gerichtsentscheidungen zu schöpfen sind.

Die gesetzliche Regelung über die Lade- und Löschzeit ist abänderbares, nicht zwingendes Recht, kann also durch Vereinbarung abgeändert werden. Die Vertragsparteien versuchen, die Probleme, die während der Lade- und Löschzeit auftreten, nach den Bedürfnissen der Praxis in den Charterpartien zu regeln[5]. So werden die gesetzlichen Bestimmungen über die Lade- und Löschzeit durch die vertraglichen Klauseln ergänzt oder ganz geändert. Aus diesem Grunde sind die weitverbreiteten Klauseln von großer praktischer Bedeutung. Die Auslegung dieser Klauseln, von denen manche kurz abgefaßt, unklar und doppelsinnig sind, ist auch Gegenstand der vorliegenden Arbeit, so daß die Untersuchung der Fragen der Lade- und Löschzeit nach Möglichkeit vollständig ist[6].

---

[3] Das Dekret vom 31. Dezember 1966 (Art. 10) bestimmt hinsichtlich des Beginns und der Berechnung der Lade- und Löschzeit: «Le point de départ et la computation des jours de planche sont réglés suivant l'usage du port où ont lieu les opérations et, à défaut, suivant les usages maritimes.»

[4] Im folgenden abgekürzt K. I. N. D.

[5] Sehr verbreitet sind die Charterformulare, die von der "Baltic and International Maritime Conference" und der englischen Chamber of Shipping gebilligt sind. Die meisten Charterpartien sind in englischer Sprache abgefaßt und vom englischen Seerecht stark beeinflußt; vgl. *Peters* S. 64—74.

[6] Eine Darstellung aller Klauseln, die im Zusammenhang mit der Lade- und Löschzeit stehen, kann hier nicht erfolgen. Nur die wichtigen Klauseln der besonders verbreiteten und international verwendeten Charterformulare werden untersucht. Sie werden entweder im Zusammenhang mit der entsprechenden gesetzlichen Regelung oder jeweils gesondert erörtert.

Im Jahre 1962 wurde vom „Comité Maritime International" in der Konferenz von Athen versucht, den Inhalt der Klausel exakt festzulegen und einheitliche Regeln für die Ladezeit, Löschzeit und das Eilgeld herbeizuführen. Auf die Regeln des Entwurfes des „Comité Maritime International"[7], sogenannte „Regeln von Athen", wird, wo es zweckmäßig erscheint, hingewiesen.
Die Lade- und Löschzeit wird in dieser Untersuchung in folgenden Teilen behandelt:

a) Wesen der Lade- und Löschzeit
b) Beginn der Lade- und Löschzeit
c) Dauer der Lade- und Löschzeit
d) Berechnung der Lade- und Löschzeit
e) Ende der Lade- und Löschzeit.

In einem sechsten Teil wird schließlich die Frage des Eilgeldes erörtert.

Die Bestimmungen für das Laden und das Löschen der Schiffe sind nach dem jeweiligen Seerecht grundsätzlich gleich. Diese Übereinstimmung erklärt sich aus der Gleichheit der Verhältnisse und Vorgänge im Lade- und Löschhafen[8]. Wie richtig hervorgehoben wird[9], würde eine getrennte Erörterung der Entlöschung im wesentlichen eine Wiederholung der für die Beladung geltenden Grundsätze sein. Um unnötige Wiederholungen zu vermeiden, wird daher die Untersuchung der Fragen der Löschzeit grundsätzlich zusammen mit jener der Probleme der Ladezeit erfolgen. Was in dieser Arbeit für den Befrachter und die Ladezeit ausgeführt wird, gilt also, soweit nicht ausdrücklich etwas anderes vermerkt ist, für den Empfänger und die Löschzeit entsprechend.
Die vorliegende Arbeit soll einen Beitrag zur Lösung der mannigfaltigen mit der Ladezeit, Löschzeit und dem Eilgeld zusammenhängenden Fragen leisten und bezüglich dieser Rechtseinrichtungen zur Fortbildung eines modernen Seerechts dienen.

---

[7] Conférence d'Athènes 1962, Auflage des Comité Maritime International.
[8] Vgl. *Capelle* S. 311.
[9] *Warneken* S. 2; *Capelle* S. 311.

Erster Teil

WESEN DER LADE- UND LÖSCHZEIT

A. Begriff und rechtliche Bedeutung der Lade- und Löschzeit

Unter Lade- und Löschzeit[1] versteht man die Frist, während derer das Schiff dem Befrachter und Empfänger ohne besondere Vergütung[2] für die Beladung und Entlöschung zur Verfügung stehen muß.

Beladung und Entlöschung des Schiffes sind Teil der Beförderung; daher ist die Vergütung für die Lade- und Löschzeit in der für den Transport vereinbarten Fracht enthalten[3].

Die Lade- und Löschzeit wird demnach zugunsten des Befrachters und Empfängers gewährt[4]. Daher ist es Sache des Befrachters[5], bei der Anlieferung der Güter nach Wunsch zu bestimmen, wie er die Ladezeit ausnutzt. So kann er einige Tage ungenutzt lassen und an den anderen Tagen mehr Güter anliefern, oder er kann die Ladezeit voll ausnutzen, wenngleich die Beladung früher beendet werden könnte[6]. Nach herrschender internationaler Rechtsauffassung ist der Befrachter jedoch durch die

---

[1] In England wird sie "lay-days" und in Frankreich «staries» oder «jours de planche» genannt.

[2] Ausdrücklich bestimmen § 567 Abs. 4 HGB und Art. 117 Abs. 1 K. I. N. D., daß für die Ladezeit keine besondere Vergütung verlangt werden kann. — In Deutschland kann der Verfrachter nach §§ 574, 598 HGB ausnahmsweise eine besondere Vergütung für die Tage der Lade- bzw. Löschzeit verlangen, die der Verfrachter wegen Verhinderung der Lieferung von Ladung jeder Art bzw. der Beförderung von Ladung jeder Art vom Schiff an das Land länger warten muß.

[3] Eine Vergütung für die Lade- oder Löschzeit kann aber vereinbart werden; vgl. §§ 567 Abs. 4, 594 Abs. 4 HGB; *Ripert* II Nr. 1531, S. 440; a. A. *Lyon-Caen-Renault* Bd. V Nr. 790, S. 719: «[La] gratuité est de l'essence des jours de planche.»

[4] Da die Ladezeit nicht auch zugunsten des Verfrachters besteht, kann er schadensersatzpflichtig werden, wenn er die Übernahme der Ladung schuldhaft verzögert; vgl. *Boyens* S. 134; *Warneken* S. 7; *Schaps-Abraham* Anm. 10 zu § 567, S. 352.

[5] Entsprechendes gilt für den Empfänger und die Löschzeit.

[6] *Capelle* S. 209; *Schaps-Abraham* Anm. 10 zu § 567, S. 352; *Pappenheim* III S. 184; *Rodière* I Nr. 216, S. 246; *Ripert* II Nr. 1532, S. 441; *Tsangaris* S. 232; *Papamichalopoulos* S. 11.

allgemeinen Grundsätze von Treu und Glauben beschränkt[7]. Falls die Beladung vor Ablauf der Ladezeit abgeschlossen ist, darf etwa der Befrachter das Auslaufen des Schiffes nicht mit der Begründung verhindern, die Ladezeit, die er voll ausnutzen könne, sei nicht abgelaufen[8].
Eine Ladezeit wird nur bei der Verfrachtung eines Schiffes im Ganzen oder der Verfrachtung eines Teiles oder eines bestimmten Raumes gewährt[9].
Eine solche Frist kommt bei der Zeitcharter nicht vor. Hier wird das Schiff für einen bestimmten Zeitraum gechartert, und der Verfrachter erhält eine nach der vereinbarten Zeitspanne bemessene Vergütung.
Keine Anwendung finden die Bestimmungen über die Ladezeit auch bei der Stückgutverfrachtung. Beim Stückgutvertrag gibt es keine Ladefrist; die Abfahrtszeiten der im Liniendienst fahrenden Schiffe sind im voraus festgesetzt und meist veröffentlicht worden.
Ist die Beladung des Schiffes am Ende der Ladezeit nicht vollständig abgeschlossen, so muß der Verfrachter länger warten, wenn eine weitere Frist vereinbart ist[10]. Diese wird in Deutschland Überliegezeit[11], in England days of demurrage und in Frankreich surestaries genannt.

---

[7] *Rodière* I Nr. 216, S. 246—247; *Anastasiadis* § 329 Note 10 a, S. 210; *Papamichalopoulos* S. 66 und die dort angeführte Rechtsprechung; *Carver* S. 1072; nach *Capelle* S. 209: „Nur im Falle der Schikane ist der Charterer dem Verfrachter wegen der Verzögerung verantwortlich trotz Einhaltung der Ladezeit"; ebenso *Schlegelberger-Liesecke* Anm. 14 zu § 567, S. 238; *Pappenheim* III S. 184. Dagegen meint *Ripert* II Nr. 1532, S. 441: «On ne saurait parler d'abus du droit, puisqu'il s'agit ici d'un droit limité et défini contractuellement, qui n'est pas par conséquent susceptible d'abus.»

[8] Dies kann z. B. der Fall sein, wenn der Befrachter die Anweisung des Bestimmungshafens oder die Vorlage der Konnossemente bis zum Ablauf der Ladezeit verzögert, obwohl die Ladearbeiten beendet sind; vgl. *Schaps-Abraham* Anm. 10 zu § 567, S. 352; *Schlegelberger-Liesecke* Anm. 14 zu § 567, S. 238; *Rodière* I Nr. 216, S. 246.

[9] Die Vorschriften des deutschen Handelsgesetzbuches über die Ladezeit beziehen sich unmittelbar nur auf die Ganzcharter. Nach § 587 Abs. 1 HGB gilt aber für die Verfrachtung eines verhältnismäßigen Teiles oder eines bestimmt bezeichneten Raumes dasselbe wie bei der Verfrachtung eines Schiffes im Ganzen.

[10] Vgl. § 567 Abs. 3 HGB; Art. 118 Abs. 1 K. I. N. D.; eine solche Zeit wird fast immer im Frachtvertrag vereinbart. Nach Art. 118 Abs. 1 K. I. N. D. muß der Verfrachter nicht nur über die Ladezeit hinaus warten, wenn es vereinbart ist, sondern auch, wenn es üblich ist.

[11] Unter dem Begriff Wartezeit ist demgegenüber in Deutschland die gesamte Zeit zu verstehen, während derer der Verfrachter auf die Abladung zu warten verpflichtet ist; d. h. sowohl die Lade- oder Löschzeit als auch die Überliegezeit. Vgl. § 579 HGB; siehe dazu auch *Pappenheim* III S. 167—168; *Schaps-Abraham* Anm. 10 zu § 567, S. 351; *Prüssmann* § 567 B, S. 442.

Für die vereinbarte Überliegezeit hat aber der Befrachter eine besondere Vergütung, das Liegegeld (engl.: demurrage; franz.: surestaries), zu zahlen. Es ist somit von größter Bedeutung, in welchem Zeitpunkt die Ladezeit abgelaufen ist.
Bezüglich der rechtlichen Natur des Liegegeldes wird in Deutschland angenommen, daß das Liegegeld weder Schadensersatz noch eine Vertragsstrafe ist, sondern eine Vergütung für die Benutzung der vereinbarten Überliegezeit[12].
Die Überliegezeit wird nur im Hinblick auf den Abschluß der Beladungsarbeiten vereinbart. Der Befrachter kann außer der Zahlung von Liegegeld auch zum Schadensersatz verpflichtet sein, falls das Laden am Ende der Ladezeit fertig ist, das Schiff aber nicht fahren kann, weil der Befrachter die erforderlichen Formalitäten, die er erfüllen muß (z. B. Anweisung des Bestimmungshafens), noch nicht erledigt hat. Diese Formalitäten muß der Befrachter während der Ladezeit erledigen[13].
Da die Ladezeit zugunsten des Befrachters besteht, kann der Verfrachter nicht verlangen, daß das Laden nach Möglichkeit beschleunigt wird, so daß die Ladezeit womöglich nicht voll ausgenutzt wird. Ist der Verfrachter an einer möglichst schnellen Ausführung der Beladung interessiert, weil sein Schiff eine neue günstige Reise aufnehmen kann, so vereinbart er mit dem Befrachter eine Vergütung für den Fall, daß das Laden vor Ablauf der vereinbarten Ladezeit durchgeführt wird. Diese Vergütung heißt Eilgeld (engl.: dispatch money).
Die Berechnung der Ladezeit ist also von Bedeutung nicht nur für das Liegegeld, sondern auch für das Eilgeld.

---

[12] Vgl. *Schaps-Abraham* Anm. 11 zu § 567, S. 352—353; *Schlegelberger-Liesecke* Anm. 16 zu § 567, S. 239; *Capelle* S. 421—422; *Pappenheim* III S. 157. Die Streitigkeit in der französischen und griechischen Rechtslehre und Rechtsprechung darüber, ob das Liegegeld eine Frachtzulage (vgl. *Lyon-Caen-Renault* Bd. V Nr. 797; siehe auch das bei *Tsangaris* S. 240—241 angeführte Schrifttum und Rechtsprechung) oder Schadensersatz (vgl. *Ripert* II Nr. 1554, S. 465—467; *Smeesters-Winkelmolen* II Nr. 516, S. 75—77; *Anastasiadis* § 329, S. 214 bis 215) darstellt, hat durch die neuen Gesetze ein Ende gefunden. Sowohl Art. 119 K. I. N. D. als auch Art. 11 des französischen Dekrets vom 31. Dezember 1966 bestimmen, daß das Liegegeld Frachtzulage ist. Nach dem englischen Recht ist das Liegegeld ein Schadensersatz; vgl. *Carver* S. 995; *Scrutton* S. 305.
[13] Vgl. *Rodière* I Nr. 215, S. 246; *Tiberg* S. 167—168 und die dort angeführte Rechtsprechung.

B. Pflichten der Vertragsparteien im allgemeinen

I. Pflicht des Verfrachters, das Schiff fristgerecht bereitzustellen

Der Zeitpunkt der Bereitstellung des Schiffes ist von großer Bedeutung für beide Parteien. Der Befrachter ist daran interessiert, daß ihm das Schiff zu einem für ihn passenden Zeitpunkt zur Verfügung gestellt wird; bei einer verfrühten Bereitstellung besteht für ihn die Gefahr, daß die Ladezeit beginnt, bevor die zu verschiffenden Güter zur Anlieferung bereitliegen, während eine verspätete Ladebereitschaft die rechtzeitige Anlieferung an den Empfänger unmöglich macht. Andererseits liegt es auf der Hand, daß der Verfrachter ein Interesse daran hat, daß mit dem Laden begonnen wird, sobald sein Schiff ladebereit ist.

In den Charterpartien werden daher zwei Zeitpunkte, nämlich der früheste Zeitpunkt (loading-date) und der späteste Zeitpunkt (cancelling-date) vereinbart, innerhalb deren das Schiff gestellt werden muß und die Beladung zu beginnen hat. Beide Daten werden gewöhnlich in der sogenannten Cancelling-Klausel vorgesehen. So heißt es z. B. in Centrocon 12:

"Lay days shall not commence before ... and should the Steamer not be ready to load by 6 p. m. on ... Charterers shall have the option of cancelling this Charter-party".[14]

Der Verfrachter ist also verpflichtet, das Schiff binnen des vereinbarten Zeitraumes zur Verfügung zu stellen. Bei Nichteinhaltung der Pflicht gelten die im folgenden Teil über den Beginn der Ladezeit behandelten Bestimmungen nicht.

Im Falle einer verfrühten Bereitstellung beginnt die Ladezeit nicht, auch wenn sämtliche Voraussetzungen für ihren Beginn erfüllt sind; eine frühere Ankunft und Ladebereitschaft des Schiffes begründet keine Verpflichtung für den Befrachter und hat auf den Beginn der Ladezeit keinerlei Einfluß. Bei nicht rechtzeitiger Stellung des Schiffes hat der Befrachter das Recht, den Vertrag aufzuheben[15]. Für das Rücktrittsrecht des Befrachters ist kein Verschulden auf seiten des Verfrachters erforderlich[16]; der Befrachter kann allein wegen Verzögerung zurücktreten[17].

---

[14] So und ähnlich Welsh Coal 11, Coastcon 11, Baltwood 3, Sovietwood 3, Papierholzcharter 4, Contwood 3, Scanfin 3.

[15] Das Rücktrittsrecht des Befrachters bei verspäteter Stellung des Schiffes findet im Gesetz in den behandelten Ländern überhaupt keine Regelung.

[16] RG 29. 6. 1927 RGZ Bd. 117, S. 354—358; *Capelle* S. 192; *Wüstendörfer* S. 248; *Schlegelberger-Liesecke* Anm. 3 zu § 567, S. 236; *Prüssmann* § 567 A, S. 444; *Carver* S. 512.

[17] Vgl. Ivamy Law Journal 1962, S. 36—38. Bei nur ganz geringfügigen Verspätungen kann das Rücktrittsrecht des Befrachters jedoch gegen Treu und

Er kann auch Schadensersatz nach den Regeln des allgemeinen Rechts verlangen, wenn eine Verspätung durch Verschulden des Verfrachters verursacht wurde[18].

Die Charter schreibt meist vor, wann der Befrachter sich zu entscheiden hat, ob er bei einer Verzögerung zurücktreten will. In manchen Chartern wird vorgesehen, daß sich der Befrachter erst nach der Ladebereitschaftsanzeige des Schiffes zu entscheiden braucht:

"Such option to be declared on notice of readiness being given"[19].

Andere Charterformulare sehen vor, daß sich der Befrachter auf Verlangen vor Ankunft des Schiffes im Hafen binnen einer bestimmten Frist oder bis zu einem bestimmten Zeitpunkt erklären muß, ob er zurücktritt:

"Such option to be declared, if demanded, at least 48 hours before vessel's expected arrival at port of loading"[20].

Ist die festgesetzte Frist abgelaufen, so erlischt das Rücktrittsrecht des Befrachters, und die Ladezeit beginnt trotz der verspäteten Ladebereitschaft zu laufen, wenn die Voraussetzungen für ihren Beginn erfüllt sind.

II. Pflicht des Befrachters, die Güter abzuladen

Hat der Verfrachter das Schiff innerhalb des vereinbarten Zeitraums gestellt, so fragt es sich, ob der Befrachter verpflichtet ist, die Güter anzuliefern.

Nach deutschem Recht besteht keine Verpflichtung des Befrachters zur Lieferung der Güter[21]. Der Befrachter kann willkürlich den Vertrag kündigen (§§ 580—584 HGB). Er darf es auch ohne Kündigung des Vertrages unterlassen, bis zum Ablauf der Wartezeit die Ladung zu liefern (§ 585 HGB). In beiden Fällen muß der Befrachter eine gesetzliche

---

Glauben verstoßen; Cour de Cassation, Civ, 9 juin 1960, D. M. F. 1960, 589 = Hansa 1961 S. 876—877.

[18] Falls das Schiff an seiner Ladebereitschaft durch höhere Gewalt gehindert ist, kann der Befrachter zwar von seinem Rücktrittsrecht Gebrauch machen, er kann aber keinen Schadensersatz verlangen; LG Piräus 2008/1947 E. E. N., IE S. 131.

[19] Baltcon 19; Phoscon 9; Welsh Coal 11.

[20] Gencon 6; vgl. auch Baltwood 3: "If, when the vessel is ready to leave her last outward port for the (first) port of loading, the Owners inform the Charterers by telegram that she cannot reach the (first) loading port before the cancelling date named in the Charter, the Charterers shall declare by telegram within twelve business hours from their receipt of such notice whether or not they cancel the Charter". Ähnlich Contwood 3, Propcon 3, Scanfin 3, Russwood 3, Papierholzcharter 4.

[21] BGH 20. 6. 1960 Hansa 1960 S. 2258—2260 = VersR 1960 S. 693—694.

Fautfracht zahlen (§§ 580, 583, 584, 585 HGB). Bei Nichtlieferung der Ladung ändert sich aber nichts hinsichtlich der Wartepflicht des Verfrachters, der nicht nur die Ladezeit, sondern auch die Überliegezeit abwarten muß (§ 585 HGB).

Nach englischem Recht hat der Befrachter kein willkürliches Kündigungsrecht, die Nichtlieferung der Ladung stellt sich als ein "breach of contract" dar[22]. Der Verfrachter kann vollen Schadensersatz fordern, muß aber bis zum Ablauf der Ladezeit auf die Abladung warten[23].

Die neue französische Verordnung vom 31. Dezember 1966 (Art. 13) bestimmt, daß der Befrachter vor Lieferung von Ladung den Vertrag kündigen kann; in diesem Fall hat er Schadensersatz zu leisten, der aber die vereinbarte Fracht nicht übersteigen darf[24].

Im griechischen Recht wird nach Art. 155 K. I. N. D. dem Befrachter gegen Zahlung einer gesetzlich festgesetzten Entschädigung ein Rücktrittsrecht eingeräumt. Nach Abs. 3 des Art. 155 kann es der Befrachter auch ohne eine Rücktrittserklärung unterlassen, bis zum Ablauf der Ladezeit die Ladung zu liefern. Der Verfrachter ist aber nicht verpflichtet, bei Nichtlieferung der Ladung nach Ablauf der Ladezeit länger zu warten; er kann mit seinem Schiff abfahren. Läßt er freiwillig das Schiff über die Ladezeit hinaus liegen, so kann er kein Liegegeld verlangen.

An dieser Stelle sind noch die Folgen einer Teillieferung der Ladung zu erwähnen. Liefert der Befrachter nicht die vereinbarte volle Ladung, sondern nur einen Teil der zu befördernden Güter, so kann er die Durchführung der Reise verlangen. In einem solchen Fall hat er die volle Fracht als Leerfracht und das etwaige Liegegeld zu zahlen[25].

III. Tätigkeitspflichten der Parteien bei der Beladung bzw. Entlöschung

Der Befrachter bzw. Empfänger soll während der Lade- und Löschzeit die im Frachtvertrag vereinbarte Art und Menge von Gütern liefern bzw. abnehmen. Sofern nichts anderes bestimmt ist, hat der Befrachter die Güter bis an die Seite des Schiffes zu bringen, während der Verfrachter sie dort zu übernehmen und in das Schiff einzuladen hat. Ebenso hat

---

[22] *Carver* S. 1180—1184; *Chorley-Giles* S. 135.

[23] *Chorley-Giles* a. a. O.; *Scrutton* S. 384.

[24] Der französische Code de commerce (Art. 288 Abs. 3) befolgte das System der festen Fautfracht.

[25] Vgl. § 578 HGB; Art. 8 der neuen französischen Verordnung; Art. 155 Abs. 3 K. I. N. D.; über das angloamerikanische Recht vgl. *Carver* S. 1113; *Scrutton* S. 390; *Chorley-Giles* S. 213; *Poor* S. 84.

der Verfrachter beim Löschen die Güter aus dem Schiff auszuladen, und der Empfänger hat sie von der Schiffsseite abzunehmen[26].

Entsprechende Bestimmungen über die Tätigkeitspflichten der Parteien beim Laden und Löschen finden sich auch in vielen Chartern. So heißt es z. B. in Centrocon 17:

"The cargo to be brought to and taken from alongside at Charterers' risk and expense"[27].

In manchen Chartern finden sich aber auch Klauseln, die den Aufgabenbereich des Befrachters erweitern. Sie lauten z. B.:

"The cargo shall be put on board by the Shippers free of expense to the Vessel"[28]

oder

„Die Ladung ist für Rechnung und Gefahr des Befrachters frei in die Räume des Dampfers zu bringen und wieder frei aus dem Dampfer zu nehmen"[29].

Der Befrachter übernimmt also bei diesen Klauseln, die kurz als f. i. o. (free in and out)-Klauseln bezeichnet werden[30], die Tätigkeit, die Güter in den Schiffsraum zu bringen[31].

---

[26] Für das deutsche Recht ergibt sich dies aus den §§ 561, 593 HGB; vgl. *Capelle* S. 258, 315; *Wüstendörfer* S. 247; *Pappenheim* III S. 189; ausdrücklich sagt Art. 154 K. I. N. D., daß der Befrachter die Güter an die Schiffsseite zu bringen verpflichtet ist; vgl. auch über das englische Recht *Payne* S. 74.

[27] Vgl. auch Deutholzneu 9: „Die Ladung ist für Rechnung und Gefahr der Ablader bzw. der Empfänger frei an die Seite des Dampfers zu bringen und wieder frei von der Seite des Dampfers zu nehmen."

[28] Contcoal 4.

[29] Deuterzneu 13.

[30] Vgl. *Peters* S. 131; *Capelle* S. 265.

[31] Die Aufgabenverteilung unter den Parteien ist von Bedeutung für die Haftung der Parteien für zufällige Ereignisse; siehe dazu unten S. 73.

Zweiter Teil

BEGINN DER LADE- UND LÖSCHZEIT

Erster Abschnitt

Voraussetzungen des Beginns nach den verschiedenen Rechtsordnungen

Es wird allgemein anerkannt, daß der Beginn der Ladezeit grundsätzlich die Erfüllung von vier Voraussetzungen erfordert:

a) Ankunft des Schiffes im Hafen[1]
b) Ladebereitschaft des Schiffes[2]
c) Anzeige der Ladebereitschaft[3]
d) Ablauf eines kurzen Zeitraums (sog. free time) nach der Anzeige[4].

Im folgenden wird der Versuch gemacht zu untersuchen, wann diese Voraussetzungen nach dem geltenden Recht erfüllt sind, und zugleich aufzuzeigen, ob sie den Bedürfnissen der modernen Schiffahrt entsprechen.

A. Ankunft im Ladehafen

Der Beginn der Ladezeit setzt zunächst voraus, daß das Schiff sich bereits in dem Hafen befindet, in welchem nach dem Frachtvertrag die Einnahme der Ladung erfolgen soll[5].

---

[1] Siehe dazu unten S. 11—13
[2] Siehe dazu unten S. 13—26
[3] Siehe dazu unten S. 26—35
[4] Siehe dazu unten S. 35—39
[5] Vgl. Agrimpex Hungarian Trading Co. v. Sociedad Financiera de Bienes Raices S. A., The Aello (1957) 2 Lloyd's Rep. 423 (QB) = Hansa 1958 S. 315 bis 316; im C. A. (1958) 2 Lloyd's Rep. 65 = Hansa 1959 S. 2—3; im H. L. (1960) 1 Lloyd's Rep. 623 = Hansa 1960 S. 1848—1849; HansOLG Bremen 18. 6. 1964 Hansa 1964 S. 2374—2376; vgl. auch *Schaps-Abraham* Anm. 1 zu § 567, S. 347; *Prüssmann* § 567 B, S. 446; *Warneken* S. 11; *Wüstendörfer* S. 249; *Peters* S. 26; *Rodière* I Nr. 217, S. 247; *Carver* S. 1047; *Scrutton* S. 122—124; *Chorley-Giles* S. 137; *Poor* S. 91; *Summerskill* S. 106; *Papamichalopoulos* S. 40; *Sotiropoulos* D. N. E. E. Nr. 19 S. 12—18 (12); siehe auch Art. 128 Abs. 1 K. I. N. D.

Der Ladehafen kann schon im Frachtvertrag ausdrücklich vereinbart sein. Die Charterpartie enthält aber meist die Klausel "to a port as ordered", nach welcher der Befrachter berechtigt ist, den Ladehafen nachträglich innerhalb eines gewissen Gebietes zu bestimmen[6]. Ist der Hafen von vornherein im Vertrag vorgesehen, so hat sich das Schiff in den vereinbarten Ladehafen zu begeben und nicht in einen etwa nachträglich vom Befrachter einseitig angewiesenen. Da der Hafenbereich aber in den meisten Häfen verwaltungsmäßig sehr groß ist, genügt es nicht, daß das Schiff sich irgendwo im Hafen befindet. Für den Beginn der Ladezeit muß das Schiff an derjenigen Stelle des Hafens liegen, an der üblicherweise Schiffe beladen oder gelöscht werden, mit anderen Worten, es muß die "commercial area of the port" erreicht haben[7].

Sind mehrere Häfen im Frachtvertrag vorgesehen, so darf der Befrachter keinen "unsafe port" wählen. Damit ein Hafen als sicher angesehen werden kann, muß das Schiff ihn sicher erreichen, dort sicher liegen und beladen werden und ihn ungefährdet verlassen können[8]. Der Befrachter ist aber nicht verpflichtet, bei der Wahl des Ladehafens die Interessen des Verfrachters zu berücksichtigen. So wird in einer Entscheidung des Court of Appeal im Fall Reardon Smith Line Ltd. v. Ministry of Agriculture[9] ausgeführt:

"... that there being in the charterparty no express limitation on the right of selection except as to the safety of the loading place at the selected port, the charterer in making his choice of a loading port need not take into account the convenience of the shipowners".

Der Befrachter hat den Ladehafen rechtzeitig zu benennen, damit das Schiff ihn zu dem vorgesehenen Zeitpunkt erreichen kann. Bei Verzögerung der Order gehen die Folgen zu Lasten des Befrachters[10]. Charterklauseln sehen häufig ausdrücklich vor:

"all time lost to the steamer through waiting for orders shall be reckoned as loading time"[11].

---

[6] Vgl. *Schaps-Abraham* Anm. 1 zu § 560, S. 321; *Tiberg* S. 215; *Capelle* S. 165; *Scrutton* S. 113—115; *Rodière* I Nr. 207, S. 236.

[7] Agrimpex Hungarian Trading Co. v. Sociedad Financiera de Bienes Raices S. A. (The Aello) a. a. O.; siehe auch *Chorley-Giles* S. 137: "... the Port of London extends legally to Gravesend, but a ship bound for London is not an 'arrived ship' when she reaches Gravesend".

[8] *Pappenheim* III S. 151; *Peters* S. 92; *Prüssmann* § 560 B, S. 401; *Schaps-Abraham* Anm. 2 zu § 560, S. 321—322; *Capelle* S. 170.

[9] (1961) 1 Lloyd's Rep. 385 (396).

[10] Vgl. *Rodière* I Nr. 207, S. 236; *Prüssmann* § 560 B, S. 401.

[11] So z. B. Centrocon 11.

Weist der Befrachter keinen Hafen an, so kann der Verfrachter das Schiff nach dem näheren Hafen innerhalb des vereinbarten Bereichs bringen und von dort die Ladebereitschaft des Schiffes anzeigen[12].

B. Ladebereitschaft des Schiffes

Da der Begriff der Ladebereitschaft in Deutschland trotz § 567 HGB sehr umstritten ist[13], darf bereits an dieser Stelle betont werden, daß unter Ladebereitschaft die Voraussetzungen zu verstehen sind, die auf seiten des Schiffes im Zeitpunkt der Anzeige vorliegen müssen[14]. Nach § 567 Abs. 1 HGB hat der Schiffer, „sobald er zur Einnahme der Ladung fertig und bereit ist, dies dem Befrachter anzuzeigen". In diesem Sinne wird der Begriff der Ladebereitschaft auch in den genannten ausländischen Rechtsordnungen gebraucht.
Diese Streitfrage wird unten bei der Behandlung der Voraussetzungen der Anzeige im einzelnen erörtert[15].

I. Einnahme des Ladeplatzes

In den behandelten Ländern besteht keine übereinstimmende Auffassung, ob die Ladebereitschaft des Schiffes die Einnahme des Ladeplatzes voraussetzt.

1. Deutsches Recht

In Deutschland wird angenommen[16], daß das Erreichen des Ladeplatzes keine Voraussetzung der Bereitschaft des Schiffes ist, d. h. die Meldung der Ladebereitschaft kann wirksam abgegeben werden, ohne daß sich das

---

[12] *Rodière* I Nr. 207, S. 236; nach *Tsangaris* S. 228 kann in einem solchen Fall der Verfrachter das Schiff nach irgendeinem Hafen innerhalb des vereinbarten Gebietes bringen.

[13] Vgl. *Peters* S. 25—35.

[14] *Peters* und andere verstehen unter Ladebereitschaft die Voraussetzungen, die das Schiff bei Beginn der Ladezeit erfüllen muß: siehe *Peters* S. 7—8, 35—48.

[15] Siehe unten S. 30—34.

[16] LG Hamburg 10. 2. 1954 Hansa 1954 S. 1029—1030; HansOLG Bremen 18. 6. 1964 Hansa 1964 S. 2374—2376 (2375); *Schaps-Abraham* Anm. 1 zu § 567, S. 348; *Capelle* S. 205; *Wüstendörfer* S. 249; *Abraham* S. 123; *Pappenheim* III S. 161; *Sieveking* S. 52; *Warneken* S. 12—14; *Boyens* II S. 130; *Schlegelberger-Liesecke* Anm. 9 zu § 567, S. 237; *Prüssmann* § 567 B, S. 445; *Lindenmaier* Hansa 1951 S. 204—205. Die Einnahme des Ladeplatzes als Voraussetzung der Ladebereitschaft fordert *Peters* S. 14, der aber von einem anderen Begriff der Ladebereitschaft ausgeht (siehe oben Fußn. 14). Ungenau *Capelle* S. 210.

Schiff am Ladeplatz befindet. Es genügt nach dieser Ansicht, daß das Schiff im Ladehafen angekommen und in der Lage ist, den Ladeplatz bis zum Morgen des auf die Anzeige folgenden Tages zu erreichen.

Dieser Meinung kann nicht zugestimmt werden. Das Gesetz lautet gemäß § 567 Abs. 1 HGB: „Bei der Verfrachtung eines Schiffes im Ganzen hat der Schiffer, sobald er zur Einnahme der Ladung fertig und bereit ist, dies dem Befrachter anzuzeigen."

Ein Schiff kann nur als zum Laden „fertig und bereit" angesehen werden, wenn mit der Beladung angefangen werden kann. Es ist aber unverständlich, wie ein Schiff beladen werden kann, ohne sich an dem Platz zu befinden, an dem die Ladearbeiten durchgeführt werden sollen. Solange die Ladearbeiten unmöglich sind, weil das Schiff nicht an dem Ladeplatz liegt, kann es nicht als ladebereit angesehen werden.

Die oben erwähnte Ansicht, daß die Einnahme des Ladeplatzes nicht zur Ladebereitschaft gehöre[17], wird wie folgt begründet[18]:

a) Der Zweck der Bereitschaftsanzeige, dem Befrachter die Vorbereitungen zur Beladung zu ermöglichen, wird voll erfüllt, ohne daß das Schiff am Ladeplatz liegt. Der Befrachter habe kein Interesse daran, daß sich das Schiff zur Zeit der Anzeige an seinem Platz befindet.

b) Es wäre sinnlos zu verlangen, ein Schiff, dessen Ladeplatz vom Befrachter noch nicht angewiesen ist, müsse sich auf die Gefahr hin an irgendeinen ortsüblichen Platz begeben, daß dieser Platz dem Interesse des Befrachters nicht entspricht und dieser deshalb nachher einen anderen Platz anweist.

---

[17] Nach *Prüssmann* § 567 B, S. 446, gehört die Einnahme des Ladeplatzes zur Ladefertigkeit. Zur Ladebereitschaft, die im Zeitpunkt der Bereitschaftsmeldung vorliegen muß, gehört nur die Ankunft des Schiffes im Hafen. Die Ladefertigkeit, zu der die Erreichung des Ladeplatzes gehört, braucht erst zu Beginn der Ladearbeiten vorzuliegen. Diese Meinung ist abzulehnen. Sie widerspricht dem Gesetz, das davon ausgeht, daß das Schiff zu demselben Zeitpunkt, nämlich zum Zeitpunkt der Anzeige, nicht nur ladebereit, sondern auch ladefertig ist: „sobald er zur Einnahme der Ladung fertig und bereit ist". — Abgesehen davon, ist die Richtigkeit dieser Unterscheidung zweifelhaft, und in der Literatur und Rechtsprechung werden die Worte des Gesetzgebers „zur Einnahme der Ladung fertig und bereit" durch den einen Begriff Ladebereitschaft wiedergegeben. Vgl. *Schaps-Abraham* Anm. 1 zu § 567, S. 347; *Pappenheim* III S. 160; siehe auch *Peters* S. 15.

[18] Laun Hansa 1951 S. 239—241; *Sieveking* S. 52; *Warneken* S. 13 unter Berufung auf die Entscheidungen ROHG 12. 12. 1874 ROHGE Bd. 15 Nr. 66 S. 233 und ROHG 5. 1. 1876 ROHGE Bd. 19 Nr. 84 S. 286. Bei den anderen Autoren findet man keine Begründung, sie verweisen aber auf die zwei erwähnten alten Entscheidungen des ROHG, die Ausgangspunkt dieser Meinung sind; beide Entscheidungen werden bei *Peters* S. 26—27 wörtlich wiedergegeben.

Die Begründung, daß der Befrachter kein Interesse an dem Erreichen des Ladeplatzes zur Zeit der Bereitschaftmeldung habe, kann als kein ausreichendes Argument angesehen werden. Denn dabei wird übersehen, daß der Befrachter seine letzten Vorbereitungen nur dann mit Sicherheit treffen kann, wenn das Schiff schon am Ladeplatz liegt; denn es ist in jedem Fall möglich, daß die Weiterfahrt des Schiffes bis zum Ladeplatz durch unvorhersehbare Ereignisse behindert wird und der Schiffer den in der Anzeige genannten Zeitpunkt nicht einhalten kann, obwohl zur Zeit der Anzeige der Einnahme des Ladeplatzes von seiten des Schiffes nichts entgegenstand, z. B. wenn das Schiff wegen Überfüllung des Hafens oder wegen Zufrieren der Zufahrt infolge plötzlich in der Nacht eintretenden starken Frostes den Ladeplatz nicht erreichen kann. In einem solchen Fall entstehen aber dem Befrachter wegen der von ihm getroffenen Vorbereitungen (z. B. technische Hilfsmittel, Arbeitskräfte usw.) erhebliche Kosten, für die er nach allgemeinem Recht keinen Ersatz verlangen kann, da sie ohne jedes Verschulden des Verfrachters entstanden sind.

Die Behauptung, daß der Ladeplatz dem Verfrachter bei Ankunft des Schiffes im Hafen nicht bekannt sei, wenn der Befrachter ihn noch nicht angewiesen habe, kann auch keine ausreichende Begründung sein[19], wie aus folgenden Gründen ersichtlich wird.

Diese Meinung geht von dem Grundsatz aus, daß der Befrachter den Ladeplatz anweist (§ 560 Abs. 1 HGB)[20]. In der Schiffahrtspraxis wird aber nicht selten ein bestimmter Ladeplatz vereinbart; dies geschieht auf jeden Fall dann, wenn der Befrachter seinen eigenen Platz hat. Ist dies aber nicht der Fall, so wird der Ladeplatz meist von den Hafenbehörden je nach der Art des Schiffes und der Art der abzuladenden Güter (Kohlen, Petroleum, Holz, Getreide, explosive und gefährliche Stoffe u. a.) bestimmt[21]. Für den Fall, daß der Befrachter den Ladeplatz anweist, ist es auch möglich, daß er dies bereits im voraus tut[22] oder daß der Schiffer im Vorwege ohne Aufwendung von Zeit und Kosten die Instruktion des Befrachters einholt[23], nachdem die beiden Parteien durch Funk und tele-

---

[19] Vgl. auch *Peters* S. 37.

[20] Nach § 560 Abs. 1 HGB: „Der Schiffer hat zur Einnahme der Ladung das Schiff an den vom Befrachter oder, wenn das Schiff an mehrere verfrachtert ist, von sämtlichen Befrachtern ihm angewiesenen Platz hinzulegen."

[21] *Rodière* I Nr. 178, S. 203; *Papamichalopoulos* S. 49—50.

[22] Die Schiffe treffen in der Praxis nicht unerwartet in Häfen ein; der Befrachter wird meist durch Voranzeige über den Ankunftszeitpunkt des Schiffes unterrichtet; siehe unten S. 34.

[23] Gemäß §§ 560, 567 HGB ist der Verfrachter verpflichtet, das Schiff an den vom Befrachter angewiesenen Ladeplatz hinzulegen und seine Ladebereitschaft anzuzeigen. Der Verfrachter muß sich also, um seine Verpflichtung zu erfüllen, an den Befrachter wenden und seine Instruktion einholen.

grafische Ankündigungen in Verbindung stehen. So kann auch in diesem Fall der Ladeplatz im Vorwege bekannt werden, und der Schiffer braucht sein Schiff nicht an irgendeinen Ladeplatz zu legen und dort auf die Anweisung des Befrachters zu warten, sondern er kann das Schiff gleich an den endgültigen Ladeplatz legen und von dort die Bereitschaftsanzeige erstatten.

Es fragt sich aber, was zu gelten hat, wenn das Schiff den vom Befrachter angewiesenen Platz deshalb nicht erreichen kann, weil er mit anderen Schiffen besetzt ist. Wann soll das Schiff in diesem Fall als ladebereit angesehen werden? Nach einer Ansicht muß das Schiff auf das Freiwerden des Ladeplatzes warten[24]; es sei aber in dem Zeitpunkt als ladebereit anzusehen, zu dem es an einem anderen freien ortsüblichen Ladeplatz hätte anlegen können[25]. Nach anderer Ansicht[26] hat das Schiff am ortsüblichen Ladeplatz anzulegen, um die Ladebereitschaft und damit den Beginn der Ladezeit herbeizuführen (§ 560 Abs. 2 HGB).

Der Meinung, daß das Schiff auf die Beseitigung des Hindernisses warten muß, ist zuzustimmen. § 560 Abs. 1 HGB schreibt für den Verfrachter die Pflicht vor, das Schiff an den vom Befrachter angewiesenen Platz hinzulegen. Nur in den im Abs. 2 des § 560 HGB[27] genannten Fällen befreit das Gesetz den Verfrachter von dieser Pflicht und verpflichtet ihn, an dem ortsüblichen Platz anzulegen. Der Fall, daß der Platz besetzt ist, ist dabei nicht erwähnt. Eine Auslegung des Gesetzes, nach der das Schiff auch bei anderweitiger Besetzung des Ladeplatzes an dem ortsüblichen Platz anzulegen hat, scheint nicht zutreffend zu sein; die Tatsache, daß

---

[24] *Capelle* S. 183; *Peters* S. 12—14; *Warneken* S. 11.

[25] *Peters* S. 13. Im Falle einer Überfüllung des ganzen Hafens geht die Verzögerung zu Lasten des Verfrachters; siehe dazu unten S. 23—24.

[26] HansOLG 4. 3. 1931 HRGZ 1931 B Sp. 307—310 (309); *Schlegelberger-Liesecke* Anm. 2 zu § 560, S. 217; *Schaps-Abraham* Anm. 10 zu § 560, S. 324; *Prüssmann* § 560 C, S. 403. Das gleiche wird von den erwähnten Autoren angenommen, wenn die Charter die Klausel "as ordered" enthält. — Nach *Prüssmann* a. a. O.: „Der Gegenmeinung ist jedoch zuzugeben, daß das besondere Interesse des Befrachters bzw. Abladers an der Übernahme der Güter am bezeichneten Ladeplatz es meist nach Treu und Glauben gebieten wird, daß der Kapitän auf das Freiwerden wartet, wenn der Befrachter bzw. Ablader dies verlangt. Dann ist aber die Ladebereitschaft ... für den Zeitpunkt anzunehmen, zu dem das Schiff am angewiesenen Platz hätte anlegen können, falls dieser frei gewesen wäre, so daß anschließend die Ladezeit gemäß § 567 zu Lasten des Befrachters beginnt."

[27] Gemäß Abs. 2 des § 560: „Erfolgt die Anweisung nicht rechtzeitig oder wird nicht von sämtlichen Befrachtern derselbe Platz angewiesen oder gestatten die Wassertiefe, die Sicherheit des Schiffes oder die örtlichen Verordnungen oder Einrichtungen die Befolgung der Anweisung nicht, so hat der Schiffer an dem ortsüblichen Ladungsplatz anzulegen."

der Befrachter einen besetzten Platz wählt, obwohl ein ortsüblicher Platz frei ist, bedeutet, daß für ihn die Beladung an dem gewählten Platz[28] günstiger ist, auch wenn die Gefahr besteht, liegegeldpflichtig zu werden[29].

Falls die Charter die Klausel "as ordered" enthält, wäre das Anlegen am ortsüblichen Platz mit dem Sinn und Zweck der Klausel nicht vereinbar, da sie dazu vereinbart ist, dem Befrachter die Möglichkeit zu geben, einen Platz je nach den Bedürfnissen der Praxis zu wählen.

Sind mehrere Befrachter beteiligt und einigen sie sich nicht auf einen Platz, so ist fraglich, welchen Platz der Verfrachter erreichen muß, damit er die Ladebereitschaft des Schiffes herstellt. Gemäß § 560 Abs. 2 HGB hat der Verfrachter in diesem Fall den ortsüblichen Platz aufzusuchen[30]. Die Lösung wäre m. E. gerechter, wenn der Schiffer das Schiff an den Platz legen müßte, der vom bedeutsamsten Befrachter bestimmt oder von den Befrachtern angewiesen wird, die mehr als das halbe Schiff gechartert haben. Es wäre ungerecht, wenn die bedeutsamsten Befrachter mit der Beförderung der Güter an den ortsüblichen Platz belastet würden, weil ein unbedeutender Befrachter mit dem angewiesenen Platz nicht einverstanden ist. Die Regelung des § 560 Abs. 2 HGB übersieht das besondere Interesse, das die Befrachter meist an der Durchführung der Beladung an dem angewiesenen Platz haben. Nur bei absoluter Uneinigkeit sollte der Schiffer das Schiff an den ortsüblichen Platz bringen[31].

Zu der oben beschriebenen These der deutschen Autoren und Gerichte, daß die Einnahme des Ladeplatzes nicht zur Ladebereitschaft gehöre, ist aber zu bemerken, daß durch die Annahme, das Schiff brauche nicht im Zeitpunkt der Ladebereitschaftsanzeige am Ladeplatz zu liegen, der Aufenthalt des Schiffes im Hafen verkürzt wird, was zulässig und richtig ist. Unter welchen Voraussetzungen es möglich wäre, den Aufenthalt des Schiffes im Hafen zu verkürzen (dies ist aber nach deutschem Gesetz — wie es heute lautet — nicht möglich), wird unten bei der Erörterung der Voraussetzungen der Anzeige behandelt[32].

---

[28] Dieser kann z. B. sein persönlicher Ladeplatz sein.

[29] Vgl. auch *Peters* S. 13.

[30] Vgl. *Peters* S. 11 und die dort angeführte Rechtsprechung. Das gleiche gilt in Deutschland, auch wenn das Bestimmungsrecht der Befrachter vertraglich vereinbart ist; ROHG 5. 1. 1876 ROHGE 19 Sp. 291; *Schaps-Abraham* Anm. 6 zu § 560, S. 324; *Prüssmann* § 560 C, S. 404; *Peters* S. 11.

[31] Vgl. *Papamichalopoulos* S. 46.

[32] Siehe unten S. 30—34.

2. *Französisches und griechisches Recht*

Nach französischer Auffassung kann das Schiff nicht als ladebereit angesehen werden, wenn es den Ladeplatz innerhalb des Abladungshafens nicht erreicht hat[33]. Falls der Ladeplatz im Frachtvertrag vereinbart ist, das Schiff sich aber nicht dorthin begeben kann, weil er besetzt ist, kann der Schiffer ausnahmsweise seine Ladebereitschaft anzeigen, wenn er dort angekommen ist[34].

Hinsichtlich der Wahl des Ladeplatzes wird von *Ripert* und anderen[35] angenommen, daß der Schiffer den Ladeplatz wählt, wenn er nicht im Frachtvertrag vorgesehen ist. Nach *Rodière* soll aber in einem solchen Fall weder der Verfrachter noch der Befrachter, sondern die Hafenbehörde den Ladeplatz bestimmen[36]. Ist der von den Hafenbehörden bestimmte Platz besetzt, so kann der Schiffer, sobald er bereit ist, die Instruktionen der Hafenbehörden durchzuführen, die Ladebereitschaft des Schiffes anzeigen[37].

Nach griechischem Recht erfordert die Ladebereitschaft, daß das Schiff bereits seinen Ladeplatz eingenommen hat[38]. Das Bestimmungsrecht steht nach Art. 112 Ziff. a K. I. N. D. dem Verfrachter zu. Art. 112 Ziff. a bestimmt: „Der Verfrachter hat das Schiff an den je nach den örtlichen Verhältnissen für die Beladung geeigneten Platz zu bringen"[39]. Der Mei-

---

[33] *Rodière* I Nr. 178, S. 203; *Aisenstein* S. 32.

[34] *Rodière* a. a. O.

[35] *Ripert* II Nr. 1478, S. 392; *Aisenstein* S. 12—14 und die dort angeführte Rechtsprechung. Nach der neuen französischen Rechtsprechung kann der Verfrachter schadensersatzpflichtig werden, wenn der Schiffer einen Platz wählt, an dem Güter der vereinbarten Art nicht gelöscht werden, und dadurch der Befrachter mit zusätzlichen Kosten belastet wird; Trib. com. Marseille, 10 février 1961, D. M. F. 1961, 679; C. A. Paris, 22 mars 1961, D. M. F. 1961, 416.

[36] *Rodière* II Nr. 178, S. 203: «Quand l'affréteur n'a pas de poste personnel, le lieu précis où le navire doit s'amarrer n'est fixé ni par le fréteur, ni par l'affréteur, mais par les autorités du port. Il en est ainsi dans le monde entier et les parties nà la charte doivent savoir.»

[37] *Rodière* II Nr. 178, S. 204.

[38] Vgl. Art. 112 Ziff. a, 117 Abs. 1, 127 Ziff. a, 128 Abs. 1, 129 Abs. 3 K. I. N. D.; Schiedsspruch N. E. E. 2/1963 D. N. E. E. Heft 10 S. 25—26; *Sotiropoulos* D. N. E. E. Nr. 19 S. 12—18 (13).

[39] Die Wahl des Platzes durch den Verfrachter entspricht der Sicherheit des Schiffes, während die Anweisung vom Befrachter den praktischen Bedürfnissen der Beladung dient. Derjenige, der den Ladeplatz wählt, hat die Folgen jeder Verzögerung zu tragen, die wegen der Beschaffenheit des gewählten Platzes eintreten; vgl. *Schaps-Abraham* Anm. 4 zu § 567, S. 348; *Capelle* S. 184; *Peters* S. 107; *Warneken* S. 19; *Pappenheim* III S. 158 Note 2; *Papamichalopoulos* S. 43.

nung[40], daß der Ladeplatz vom Befrachter angewiesen werde, ist nicht zuzustimmen. Die Behauptung, daß der Gesetzgeber mit den zitierten Worten die Bestimmung des Ladeplatzes durch den Befrachter gemeint habe, ist willkürlich und findet im Wortlaut des Gesetzes keine Stütze. Der Verfrachter ist nach der Ankunft im Hafen zur Wahl eines geeigneten Platzes verpflichtet[41]. Wartet der Schiffer auf Anweisung eines vom Befrachter bestimmten Ladeplatzes, so ist die Ladebereitschaft des Schiffes nicht vorhanden, und die Ladezeit beginnt somit nicht.

3. *Angloamerikanisches Recht*

Im angloamerikanischen Seerecht hängt es von der Vereinbarung der Parteien ab, ob das Erreichen des Ladeplatzes für die Ladebereitschaft des Schiffes erforderlich ist. Das angloamerikanische Recht[42] unterscheidet zwischen: a) berth charterparty, b) dock charterparty, c) port charterparty.

a) Berth charterparty

Wenn die Charter nicht nur den Hafen, sondern auch einen bestimmten Ladeplatz vorschreibt, ist das Schiff als "arrived ship", d. h. als ladebereit in örtlicher Beziehung anzusehen, wenn es diesen Platz erreicht hat[43]. Das gleiche gilt, wenn vereinbart ist, daß der Ladeplatz nach der Ankunft des Schiffes im Ladehafen vom Befrachter zu bestimmen ist. Der Befrachter ist nicht verpflichtet, einen sofort freien Ladeplatz zu wählen; es genügt, daß der Platz innerhalb einer "reasonable time" verfügbar ist[44]. Die englische Rechtsprechung[45] begründet diese Auslegung der Klausel "as ordered" mit dem Argument, daß sie zugunsten des Befrachters gelte.

b) Dock charterparty

Wenn die Charterpartie keinen bestimmten Ladeplatz, sondern einen Hafenbezirk vorschreibt, ist das Schiff ladebereit, wenn es in diesem

---

[40] *Tsangaris* S. 234, der aber an einer anderen Stelle (S. 228) sagt, daß der Schiffer den Ladeplatz wählt; *Sotiropoulos* D. N. E. E. Nr. 19 S. 12—18 (13—14).

[41] Vgl. *Kolymbas* D. N. E. E. Heft 7 S. 11—12.

[42] *Carver* S. 1047—1057; *Summerskill* S. 106—118; *Scrutton* S. 121—129; *Poor* S. 91—93; *Payne* S. 132—133.

[43] North River Freighters Ltd. v. President of India (1956) 1 Q. B. 333 (C. A.); *Carver* S. 1057; *Payne* S. 133; *Summerskill* S. 106—108. Wird das Schiff durch Überfüllung des Hafens oder durch Unwetter gehindert, den Ladeplatz zu erreichen, so geht die Verzögerung zu Lasten des Verfrachters; *Summerskill* S. 107.

[44] *Scrutton* S. 125; *Tiberg* S. 220.

[45] Reardon Smith Line Ltd. v. Ministry of Agriculture (1961) 1 Lloyd's Rep. 385 (C. A.).

Bezirk angekommen ist[46]. Der Zeitverlust bis zum Anlegen des Schiffes am Ladeplatz geht zu Lasten des Befrachters. Das Bestimmungsrecht steht aber dem Befrachter zu[47].

c) Port charterparty

Die Charterpartie bestimmt möglicherweise nur den Hafen, an dem das Schiff beladen werden muß[48]. In diesem Fall ist das Schiff in örtlicher Beziehung ladebereit, wenn es im Hafen angekommen ist und zur Verfügung des Befrachters gestanden hat[49]. Es ist gleichgültig, ob es den Ladeplatz wegen Überfüllung des Hafens oder wegen Unwetters nicht erreichen kann[50]. Das Schiff muß in diesem Fall aber nicht nur im Hafen, sondern in der "commercial area" des Hafens angekommen sein[51]. So hat die neue englische Rechtsprechung im Fall Agrimpex Hungaria Trading Co. v. Sociedad Financiera de Bienes Raices entschieden, daß ein Schiff nicht als "arrived ship" anzusehen sei, wenn es auf der Hafenreede, die 22 sm von dem kommerziellen Hafenbereich[52] entfernt war, ankerte.

---

[46] *Carver* S. 1050; *Summerskill* S. 108—109. Das gleiche gilt, wenn die Charter die Klausel "as ordered" enthält, nach der der Charterer nachträglich einen bestimmten Hafenbezirk anweist; *Carver* S. 1055.

[47] *Scrutton* S. 123; *Carver* S. 520, 828.

[48] So z. B. Sovietwood 6: ". . . time for loading shall count . . .from 24 hours after arrival at the loading port and notice of readiness to load has been given".

[49] Vgl. *Carver* S. 1051—1056; *Scrutton* S. 124; *Payne* S. 130; *Summerskill* S. 109—117; *Tiberg* S. 209; *Chorley-Giles* S. 137.

[50] *Carver* S. 1051.

[51] Agrimpex Hungarian Trading Co. v. Sociedad Financiera de Bienes Raices S. A., The Aello (1957) 2 Lloyd's Rep. 243 (QB) = Hansa 1958 S. 315—316; im C. A. (1958) 2 Lloyd's Rep. 65 = Hansa 1959 S. 2—3; im H. L. ·(1960) 1 Lloyd's Rep. 623 = Hansa 1960 S. 1848—1849; siehe auch Analyse Bonassies in gleicher Sache D. M. F. 1963 S. 311—312; vgl. weiter „IOANNIS K" 1964 A. M. C. 2070 = Hansa 1965 S. 1048, 1118. — Das Schiff muß im Ladehafen im kommerziellen Sinne angekommen sein, auch wenn die Charter die Klausel "whether in berth or not" enthält: Carga Del Sur Comp. Nav. v. Ross T. Smyth (1962) 2 Lloyd's Rep. 147; siehe dazu auch unten S. 40—41.

[52] Über den Begriff "commercial area" vgl. Agrimpex Hungarian Trading Co. v. Sociedad Financiera de Bienes Raices (1958) 2 Lloyd's Report S. 77: "The commercial area was intended to be that Part of the port where a ship can be loaded when a berth is available, albeit she cannot be loaded until a berth is available."

II. Bereitschaft der Laderäume

Zur Ladebereitschaft des Schiffes gehört nach übereinstimmender internationaler Rechtsauffassung[53], daß die erforderlichen Räume für die Aufnahme der Ladung bereit sind. Hierzu gehört nicht nur, daß die Räume von der bisherigen Ladung frei sind[54], sondern auch, daß sie für die Aufnahme der neuen Güter hergerichtet und völlig trocken sind[55]. Bei mehreren Empfängern ist das Schiff nicht löschbereit bezüglich der Güter, die durch die Güter anderer Empfänger bedeckt sind[56].

Die Seetüchtigkeit des Schiffes gehört nicht zur Ladebereitschaft[57]. Der Befrachter darf es nicht ablehnen, mit den Ladearbeiten zu beginnen[58], weil das Schiff nicht seetüchtig ist; die Seetüchtigkeit muß zur Zeit des Antritts der Reise vorliegen. Nur wenn sich die Laderäume nicht in dem für die Erhaltung der Güter geeigneten Zustand befinden, kann das Schiff nicht als ladebereit angesehen werden[59]. Der Befrachter kann sich auch weigern, mit der Beladung zu beginnen, wenn Reparaturen auf dem seeuntüchtigen Schiff durchgeführt werden, durch die die Beladung behindert wird; unwichtige Reparaturen stehen der Ladebereitschaft jedoch nicht entgegen[60].

---

[53] HansOLG Bremen 15. 12. 1959 Hansa 1960 S. 1802—1803; *Capelle* S. 205, 210; *Schaps-Abraham* Anm. 1 zu § 567, S. 348; *Schlegelberger-Liesecke* Anm. 11 zu § 567, S. 237—238; *Peters* S. 15; *Prüssmann* § 567 B, S. 446; *Warneken* S. 15; *Scrutton* S. 129; *Payne* S. 134; *Summerskill* S. 125; *Sotiropoulos* D. N. E. E. Nr. 19 S. 12—18 (14).

[54] HansOLG Bremen a. a. O. Der für die Stabilität des Schiffes nötige Ballast muß an Bord sein; *Schlegelberger-Liesecke, Peters, Prüssmann* a. a. O.

[55] Schutzverein Deutscher Reeder Hansa 1957 S. 1667. Charterpartien sehen bisweilen besondere Anforderungen vor; vgl. z. B. Germancon-North 4: "The Vessel shall not be considered ready to commence the loading until the holds intended for cargo are free of inward cargo and properly cleaned. All hatch beams shall be removed before the loading commences. If the hatch beams are not removed the Vessel shall not be considered ready to receive the cargo until they have been actually removed."

[56] *Sotiropoulos* D. N. E. E. S. 12—18 (14).

[57] Vgl. *Tiberg* S. 257; *Sotiropoulos* a. a. O.; *Aisenstein* S. 26.

[58] *Capelle* S. 138 und *Boyens* S. 101 glauben, daß, solange das Schiff nicht vollkommen seetüchtig ist, es der Befrachter grundsätzlich ablehnen kann, mit der Beladung zu beginnen, sofern sein Ablehnungsrecht nicht gegen Treu und Glauben verstößt.

[59] Vgl. *Sotiropoulos* D. N. E. E. S. 12—18 (14).

[60] *Aisenstein* S. 26.

III. Behördliche Formalitäten

Ladebereitschaft liegt nicht vor, wenn die erforderlichen Formalitäten für das Schiff bei den Zollbehörden nicht erledigt sind oder hafenpolizeiliche Vorschriften der Beladung entgegenstehen[61]. Charterklauseln stellen diese Voraussetzung der Lade- bzw. Löschbereitschaft oft ausdrücklich fest:

"Time for discharging to count from ... when the Vessel is reported at the Custom House and ready ... to deliver and written notice given to the Receivers ..."[62].

oder

„Die Lade- und Löschzeit beginnt zu zählen ..., nachdem der Kapitän oder sein Schiffsagent den Dampfer einklariert und die Lade- bzw. Löschbereitschaft ... gemeldet hat"[63].

Die Nichterledigung der dem Schiff obliegenden Meldungen bei den Behörden schließt also die Ladebereitschaft aus und hindert somit den Beginn der Ladezeit.

IV. Subjektive Bereitschaft des Verfrachters

Zur Ladebereitschaft gehört ferner, daß der Verfrachter in subjektiver Hinsicht bereit ist, die Güter zu übernehmen bzw. auszuliefern[64]. Die Frage der subjektiven Bereitschaft kommt praktisch nur beim Löschen vor. Weigert sich der Verfrachter, im Löschhafen die Auslieferung der Güter vorzunehmen, weil der Empfänger die Fracht nicht bezahlt oder die ihm sonst obliegenden Verpflichtungen (z. B. Zahlung des Liegegeldes) nicht erfüllt hat, so fragt es sich, ob die Löschzeit zu laufen beginnt. Entscheidend ist hier, ob der Verfrachter in einem solchen Fall berechtigt ist, die Güter im Schiff zurückzuhalten.

Nach § 614 Abs. 2 HGB hat der Verfrachter die Güter gegen Zahlung der Fracht und gegen Erfüllung der übrigen Verpflichtungen des Empfängers auszuliefern. Das Gesetz gibt also dem Verfrachter für den Fall, daß der Empfänger diese Verpflichtungen nicht erfüllt, ein Zurückbehaltungsrecht zur Sicherung seiner Forderungen. Aus dieser Vorschrift

---

[61] *Tiberg* S. 263; *Scrutton* S. 129; *Carver* S. 1045; *Peters* S. 17; *Capelle* S. 205, 210; *Schaps-Abraham* Anm. 1 zu § 567, S. 348; *Schlegelberger-Liesecke* Anm. 11 zu § 567, S. 238; *Ripert* II Nr. 1537, S. 446; *Rodière* I Nr. 219, S. 249; *Sotiropoulos* D. N. E. E. Nr. 19, S. 12—18 (14); vgl. auch HansOLG 7. 12. 1906 HGZ 1907 S. 160—163 (161).

[62] Baltcon 15; ebenso C (ore) 8, 6; Polcon 4 und 10.

[63] Skanderz 8; ebenso Deuterzneu 8.

[64] *Schaps-Abraham* Anm. 1 zu § 567, S. 347; *Peters* S. 9; *Pappenheim* III S. 160; *Sotiropoulos* D. N. E. E. Nr. 19, S. 12—18 (14).

ergibt sich, daß die Einstellung der Löscharbeiten aus solchen Gründen die Löschbereitschaft nicht ausschließt und somit Beginn und Lauf der Löschzeit nicht berührt[65]. Auch in England hat der Verfrachter ein Zurückbehaltungsrecht (lien) an den Gütern[66].
Dagegen hat der Verfrachter nach französischem[67] und griechischem[68] Recht kein Zurückbehaltungsrecht. Verweigert er trotzdem die Auslieferung, so kann die Löschzeit nicht beginnen oder fortlaufen, weil die subjektive Bereitschaft des Verfrachters fehlt[69].

V. Fehlen von Hindernissen

1. Allgemeines

Stehen der Ladebereitschaft zufällige Hindernisse entgegen, so fragt es sich, ob das Schiff dennoch als ladebereit anzusehen ist. Für die Beantwortung dieser Frage ist entscheidend, welcher Partei zufällige Ereignisse zur Last fallen. Über die Verteilung des Risikos zufälliger Hindernisse auf die Parteien gelten in den Schiffahrtsrechtsordnungen unterschiedliche Prinzipien.
In Deutschland gilt die sogenannte Sphärentheorie, nach der jede Vertragspartei die Folgen der in ihrer Sphäre eintretenden Hindernisse zu tragen hat, weil sie dadurch an der Erfüllung ihrer Verpflichtungen gehindert wird. Demnach schließen zufällige Umstände auf seiten des Schiffes die Ladebereitschaft aus und schieben den Beginn der Ladezeit hinaus[70]. Kann das Schiff also wegen Überfüllung des ganzen Hafens

---

[65] Vgl. *Peters* S. 10.
[66] *Scrutton* S. 372 ff. Eine lien clause wird meist ausdrücklich in den Charterpartien vereinbart.
[67] Nach dem Dekret 66-1078 vom 31. Dezember 1966 (Art. 3): «Si le fréteur n'est point payé lors du déchargement des marchandises, il ne peut les retenir dans son navire, mais il peut les consigner en mains tierces et les faire vendre, sauf à l'affréteur à fournir caution. La consignation est autorisée par ordonnance sur requête; la vente par ordonnance de référé.»
[68] Art. 152 K. I. N. D.
[69] LG Piräus 1452/1960 E. Emp. D. 1960, 427; *Sotiropoulos* D. N. E. E. Nr. 19, S. 12—18 (14).
[70] Ausführlich darüber *Peters* S. 89—125; vgl. auch *Schaps-Abraham* Anm. 3 zu § 567, S. 348; *Warneken* S. 18; *Capelle* S. 184; *Prüssmann* § 567 B, S. 446—447; *Wüstendörfer* S. 260. — Die Ladebereitschaft wird auch ausgeschlossen, wenn die Hindernisse beide Vertragsparteien treffen; *Peters* S. 95; *Wüstendörfer* S. 261 für die Löschbereitschaft; *Boyens* S. 150. Nach *Schaps-Abraham* Anm. 5 zu § 567, S. 349, und *Warneken* S. 17 schließen Hindernisse, die weder auf seiten des Schiffes noch auf seiten des Befrachters liegen, sog. „objektive Hindernisse",

den Ladeplatz nicht erreichen, so gehen die dadurch hervorgerufenen Zeitverluste zu Lasten des Verfrachters, weil er an der Erfüllung seiner Verpflichtung, das Schiff an den Ladeplatz zu bringen, gehindert ist[71]. Umgekehrt berührt ein im Bereich des Befrachters begründeter Zufall die Ladebereitschaft nicht, und die Ladezeit beginnt zu laufen[72]. Dies ist z. B. der Fall, wenn der Befrachter einen mit anderen Schiffen besetzten Platz anweist, obwohl ein ortsüblicher Platz frei ist[73].

Der Grundsatz, daß jeder Teil den in seiner Sphäre eintretenden Zufall zu vertreten hat, ist ausdrücklich in §§ 573, 597 HGB für die Berechnung der Lade- und Löschzeit bestimmt, gilt aber selbstverständlich auch für den Beginn der Lade- und Löschzeit[74].

Das französische[75] und das griechische[76] Recht gehen von dem Grundsatz aus, daß höhere Gewalt immer die Ladebereitschaft ausschließt und den Beginn der Ladezeit hinausschiebt, und zwar auch dann, wenn sich der Zufall in der Person des Befrachters ereignet.

Im englischen Recht ist für die Risikoverteilung die Unterscheidung zwischen "fixed laytime" und "laytime not fixed" entscheidend. Bei fixer Ladezeit gehen die zufälligen Hindernisse, die der Ladebereitschaft entgegenstehen, stets zu Lasten des Befrachters, und die Ladezeit beginnt zu laufen[77]. Wenn dagegen die Ladezeit nicht fix bestimmt ist, fallen die zufälligen Ereignisse dem Verfrachter zur Last; der Befrachter hat in diesem Fall nur für "reasonable diligence" einzustehen[78].

Was die verschuldeten Hindernisse betrifft, kann kein Zweifel sein, daß sie demjenigen zur Last fallen, der sie verschuldet hat.

---

die Ladebereitschaft aus (z. B. Überfüllung des Hafens, behördlicher Eingriff usw.). Nach *Wüstendörfer* S. 260 sind diese Hindernisse beiden Seiten zuzurechnen.

[71] HansOLG 23. 1. 1914 HGZ 1914 S. 81—83 (82); *Capelle* S. 184; *Peters* S. 106; *Boyens* S. 113; *Schaps-Abraham* Anm. 5 zu § 567, S. 349; *Schlegelberger-Liesecke* Anm. 10 zu § 567, S. 237.

[72] *Peters* S. 89—125; *Wüstendörfer* S. 261; *Warneken* S. 18; *Schaps-Abraham* Anm. 4 zu § 567, S. 348—349; *Prüssmann* § 567 B, S. 446.

[73] HansOLG 23. 1. 1914 HGZ 1914 S. 81—83 (82); *Peters* S. 107; *Capelle* S. 184; *Schaps-Abraham* Anm. 4 zu § 567, S. 348; *Sieveking* S. 53; *Warneken* S. 19—20.

[74] Vgl. Peters S. 94; *Warneken* S. 17.

[75] Vgl. *Ripert* II Nr. 1542, S. 453—454; *Rodière* I Nr. 230, S. 258; *Lyon-Caen-Renault* Bd. V Nr. 791.

[76] Art. 117 Abs. 3 K. I. N. D.

[77] *Chorley-Giles* S. 138—139; *Scrutton* S. 315—317; *Carver* S. 999; *Payne* S. 134—135; siehe auch unten S. 76.

[78] *Scrutton* S. 319; *Payne* S. 134; *Summerskill* S. 79; *Carver* S. 1033.

Die zufälligen Hindernisse[79], die den Eintritt der Voraussetzungen für den Beginn der Lade- und Löschzeit verzögern, werden unten bei Erörterung des Einflusses der zufälligen Ereignisse auf den Lauf der Lade- und Löschzeit[80] noch näher besprochen. An dieser Stelle wird nur der regular turn erörtert, der von besonderer Bedeutung für die Ladebereitschaft des Schiffes und somit den Beginn der Ladezeit ist.

2. *Regular turn*

Unter regular turn versteht man die durch örtliche Verordnungen oder Gebräuche geregelte Reihenfolge bei der Abfertigung der Schiffe, die das Anlegen des Schiffes am Ladeplatz verzögert. In den Charterpartien wird manchmal ausdrücklich vereinbart, daß das Schiff "in regular turn" beladen werden soll[81]. Erfolgt die Abfertigung "in turn", so muß das Schiff so lange auf die Beladung warten, bis die vorhergehenden Schiffe beladen sind. Die dadurch verursachte Verzögerung geht zu Lasten des Verfrachters[82]. Verzögert der Befrachter die Abfertigung der vorangehenden Schiffe, so geht die durch den "turn" hervorgerufene Verzögerung zu seinen Lasten[83].

Die Ansicht[84], daß der regular turn zu Lasten des Befrachters gehe, wenn er die Auswahl zwischen mehreren Häfen hat und einen Hafen bestimmt, in dem die Abfertigung der Schiffe "in turn" erfolgt, während nicht in sämtlichen Häfen ein regular turn besteht, ist abzulehnen. Wenn im Frachtvertrag mehrere Häfen vorgesehen sind oder die Charterpartie die Klausel "to a port as ordered" enthält, ist der Befrachter berechtigt, den

---

79 Sehr ausführlich über die Hindernisse der Ladebereitschaft nach deutschem Seerecht, Binnenschiffahrtsrecht und den Charterformularen *Peters* S. 89—187.

80 Siehe unten S. 72—98.

81 So z. B. Orecon 2.

82 *Schaps-Abraham* Anm. 6 zu § 567, S. 349; *Peters* S. 109; *Capelle* S. 187; *Warneken* S. 27; *Sieveking* S. 53; *Papamichalopoulos* S. 52; *Tiberg* S. 250—255; *Carver* S. 1041; *Summerskill* S. 153. — Im deutschen Recht trägt der Verfrachter die Folgen des regular turn allerdings nach dem Sphärenprinzip, weil er dadurch an der Erfüllung seiner Pflicht gehindert wird, das Schiff an den Ladeplatz zu bringen; es ist also nicht erforderlich, daß die Charter die Klausel "in regular turn" enthält; vgl. *Peters* S. 109; *Capelle* S. 187. Im französischen und im griechischen Recht geht der durch einen regular turn entstehende Zeitverlust nach dem allgemeinen Grundsatz der force majeure zu Lasten des Verfrachters; vgl. *Papamichalopoulos* S. 52. Im englischen Recht ist die Vereinbarung der Klausel "in regular turn" im Falle der port charterparty und dock charterparty erforderlich, damit ein regular turn zu Lasten des Verfrachters geht; vgl. *Summerskill* S. 153.

83 *Schaps-Abraham, Sieveking, Capelle, Warneken* jeweils a. a. O.; *Peters* S. 110.

84 *Peters* S. 110; *Sieveking* S. 53; *Warneken* S. 27 Note 4.

Ladehafen je nach seinem besonderen Interesse zu bestimmen[85]; er ist nicht verpflichtet, die Interessen des Verfrachters zu berücksichtigen[86], sofern sich eine solche Einschränkung aus dem Frachtvertrag nicht ergibt. Erfolgt die Abfertigung in dem gewählten Hafen "in turn", so gehen die dadurch entstehenden Zeitverluste zu Lasten des Schiffes, es sei denn, daß in der Charter die Klausel "free of turn" vereinbart ist[87]. Bei dieser Klausel wird das Risiko, warten zu müssen, bis das Schiff an der Reihe ist, auf den Befrachter übertragen[88]. Das Schiff ist als ladebereit in örtlicher Beziehung anzusehen, wenn es an derjenigen Stelle wartet, die die Hafenbehörden angewiesen haben[89].

C. Anzeige der Ladebereitschaft

I. Allgemeines

Für den Beginn der Ladezeit ist es erforderlich, daß der Verfrachter[90] dem Befrachter die Ladebereitschaft des Schiffes anzeigt (§ 567 Abs. 1 HGB)[91]. Diese Anzeige (engl.: notice of readiness), die im griechischen Recht ausdrücklich in Art. 128 Abs. 1 K. I. N. D.[92] für den Löschhafen

[85] Der Befrachter darf nur keinen "unsafe port" wählen; siehe oben S. 12.

[86] Vgl. Reardon Smith Line Ltd. v. Ministry of Agriculture (1961) 1 Lloyd's Rep. 385 (396).

[87] So z. B. C (ore) 7, 2; Necore 2.

[88] Trib. com. Nantes 23. 12. 1922 Dor 2, 590; *Schaps-Abraham* Anm. 6 zu § 567, S. 349—350; *Schlegelberger-Liesecke* Anm. 11 zu § 567, S. 237; *Capelle* S. 188; *Peters* S. 150; *Papamichalopoulos* S. 53; *Prüssmann* § 560 C, S. 403; *Summerskill* S. 153; *Aisenstein* S. 200; *Rodière* I Nr. 222, S. 251.

[89] Nach Rule 7 der „Regeln von Athen" S. 311: "The clause 'Free of turn' burdens the cargo with the risk of the vessel having to wait at certain ports whose authorities regulate access and impose waits at buoys or in the roads outside the port."

[90] In der Praxis ist die Anzeige meist vom Schiffer oder Schiffsmakler an den Ablader zu erstatten; *Schaps-Abraham* Anm. 7 zu § 567, S. 350; *Schlegelberger-Liesecke* Anm. 6 zu § 567, S. 237; *Capelle* S. 203; *Peters* S. 49; *Prüssmann* § 567 C, S. 447; *Warneken* S. 31.

[91] Für die Löschzeit gilt § 594 Abs. 1 HGB. Nach dieser Gesetzesvorschrift ist die Anzeige durch öffentliche Bekanntmachung in ortsüblicher Weise zu bewirken, falls der Empfänger dem Schiffer unbekannt ist. Diese Vorschrift kommt für die Beladung zu analoger Anwendung; vgl. *Schaps-Abraham* Anm. 8 zu § 567, S. 350; *Capelle* S. 204; *Warneken* S. 32; *Pappenheim* III S. 160 Note 4; *Peters* S. 50; *Prüssmann* § 567 C, S. 447.

[92] Diese Vorschrift bezieht sich unmittelbar zwar nur auf die Löschbereitschaftsanzeige. Sie gilt aber auch für die Anzeige im Ladehafen; ein Grund für eine unterschiedliche Behandlung ist nicht ersichtlich.

vorgesehen ist, ist auch nach französischem[93], belgischem[94] und englischem[95] Recht im Ladehafen erforderlich. Sie wird auch in den meisten Charterpartien vorgesehen[96].

Die Anzeige der Ladebereitschaft ist von großer Bedeutung, weil nach Verstreichen eines gewissen Zeitraums[97] ab ihrer Erstattung die Ladezeit beginnt.

Zweck der Bereitschaftsanzeige ist es, dem Befrachter die Möglichkeit zu geben, sich auf die Beladung vorzubereiten[98], d. h. die Zollformalitäten, die er erfüllen muß, zu erledigen und die Arbeiter und technischen Hilfsmittel zu besorgen.

Der Verfrachter ist in Ermangelung anderer Vereinbarung[99] nicht verpflichtet, seine Ladebereitschaft schriftlich anzuzeigen[100]. Nach Handels- und Schiffahrtsbrauch genügt eine mündliche oder telefonische Meldung[101].

Es fragt sich nun, ob bei Nichtanzeige die Voraussetzungen für den Beginn der Ladezeit vorliegen, falls der Befrachter auf andere Weise von der Ladebereitschaft Kenntnis erhalten hat. Nach herrschender Mei-

---

[93] Vgl. *Rodière* I Nr. 218, S. 247—248; *Ripert* II Nr. 1536, S. 445. Das Dekret 66-1078 vom 31. Dezember 1966 (Art. 10) verweist auf den Hafenbrauch und in Ermangelung dessen auf den Schiffahrtsbrauch.

[94] *Smeesters-Winkelmolen* II Nr. 475, S. 6.

[95] *Scrutton* S. 131; *Carver* S. 1044; *Summerskill* S. 134.

[96] So z. B. Gencon 3: "Time to commence at 1 p. m. if notice of readiness to load is given before noon and at 6 a. m. next working day if notice given ... after noon"; entsprechende Regelungen enthalten Contcoal 4, Sovietwood 6, Contwood 15, Papierholzcharter 6 u. a. Natürlich kann der Verfrachter durch besondere Abrede in der Charterpartie von der Pflicht zur Anzeige befreit werden. Dies geschieht aber sehr selten. Heute ist die Anzeige um so notwendiger, als die Arbeiter soziale Rechte haben und daher nicht zu jedem Zeitpunkt bereitstehen. — Ausführlich über die Anzeige in den Charterformularen *Peters* S. 58—80.

[97] Siehe dazu unten S. 35.

[98] Sentence arbitrale, 25 novembre 1966, D. M. F. 1967, 631; Laun Hansa 1951 S. 239—241 (239); *Papamichalopoulos* S. 55.

[99] Die Charterpartien sehen häufig Schriftform vor, so z. B. Propcon 13 für den Löschhafen: "The time for discharging shall commence at ... if the Vessel be ready to discharge and written notice of readiness has been given to the Receivers or their Agents ..."; so auch Baltcon 5 B, Centrocon 13.

[100] *Scrutton* S. 131; *Carver* S. 1044 Note 9; *Capelle* S. 204; *Schaps-Abraham* Anm. 8 zu § 567, S. 350; *Peters* S. 52; *Schlegelberger-Liesecke* Anm. 7 zu § 567, S. 237; *Prüssmann* § 567 C, S. 447; *Rodière* I Nr. 219, S. 249; *Papamichalopoulos* S. 56—57.

[101] *Rodière* a. a. O.

nung[102] genügt die anders als durch Anzeige erlangte Kenntnis nicht für den Beginn der Ladezeit, weil der Beginn die Anzeige vom Verfrachter voraussetzt, so daß der Befrachter mit Sicherheit seine Vorbereitungen treffen kann. *Scrutton*[103] vertritt ferner die Meinung, daß bei Nichtanzeige die Ladezeit nicht beginnen kann, auch wenn mit der Beladung bereits begonnen wurde. Von der Gegenansicht[104] wird angenommen, daß die Voraussetzungen des Beginns vorliegen, wenn der Befrachter die Ladebereitschaft tatsächlich kennt.

Bei Unterlassen der Anzeige muß entscheidend sein, ob der Befrachter mit der Beladung begonnen hat oder nicht. Fängt der Befrachter mit der Beladung an, so kann er sich bei einem Liegegeldanspruch nicht auf die fehlende Anzeige berufen und behaupten, daß die Ladezeit überhaupt nicht begonnen habe[105]. Dies ergibt sich nicht aus dem Gesetz, sondern aus den allgemeinen Grundsätzen von Treu und Glauben. In jedem anderen Fall aber, in dem der Verfrachter die ihm durch Gesetz, Charterklausel oder Hafenbrauch auferlegte Pflicht, seine Ladebereitschaft zu melden, nicht erfüllt hat[106], ist die anderweitige Kenntnis nicht ausreichend; der Beginn der Ladezeit kann nicht von dem Willen des Verfrachters abhängig sein.

Soll das Schiff in mehreren Häfen beladen werden, so ist die Ladebereitschaftsanzeige in jedem Hafen erforderlich[107]. Der Gegenansicht[108] ist nicht zuzustimmen, weil der Befrachter für jeden Hafen neue Vorbereitungen treffen muß. Soll die Anzeige nur im ersten Hafen erstattet

---

[102] *Schaps-Abraham* Anm. 8 zu § 567, S. 350; *Peters* S. 52; *Capelle* S. 202; *Schlegelberger-Liesecke* Anm. 8 zu § 567, S. 237; *Pappenheim* III S. 162; *Boyens* S. 130; *Carver* S. 1044; *Sotiropoulos* D. N .E. E. Nr. 19, S. 12—18 (16).

[103] *Scrutton* S. 131; ebenso Aktieeselskebet Christianssand C. W. R. Grace & Co. 1924 A. M. C. 507 = Dor 7, 291; vgl. auch Sentence arbitrale, 25 novembre 1966, D. M. F. 1967, 631.

[104] *Summerskill* S. 136; *Warneken* S. 40.

[105] *Carver* S. 1044 Note 9; *Sotiropoulos* D. N. E. E. Nr. 19 S. 12—18 (16); *Papamichalopoulos* S. 55.

[106] Im Streitfall muß der Verfrachter sowohl die Ladebereitschaft als auch die Erstattung der Anzeige beweisen; vgl. *Capelle* S. 206; *Schaps-Abraham* Anm. 1 zu § 567, S. 348; *Pappenheim* III S. 163; *Prüssmann* § 567 C, 448.

[107] See- und Handelsgericht Kopenhagen Hansa 1955 S. 1708; South American Metal Company C. Henry Kjoge 1926 A. M. C. 764 = Dor 14, 406; *Schaps-Abraham* Anm. 9 zu § 567, S. 351; *Capelle* S. 205; *Peters* S. 51; *Prüssmann* § 567 C, S. 448; eine Ausnahme kann jedoch gelten, wenn die Anzeige nach den Umständen überflüssig ist, z. B. wenn die mehreren Häfen benachbart sind; vgl. *Aisenstein* S. 206. Bei mehreren Befrachtern muß die Anzeige jedem Befrachter einzeln erstattet werden; *Peters* S. 50; *Prüssmann* § 567 C, S. 448.

[108] *Burnett* S. S. Co. Ltw. v. Olivier (1934) 48 Ll. L. Rep. 238; *Carver* S. 1044 Note 9; *Summerskill* S. 137; *Papamichalopoulos* S. 56; *Tsangaris* S. 256.

werden, so bedarf es einer ausdrücklichen Vereinbarung in der Charterpartie[109].

Abzulehnen ist die Auffassung[110], daß sich der Verfrachter auch dann erneut ladebereit melden müsse, wenn das Schiff an einen anderen Platz desselben Hafens verholt wird. Diese Meinung übersieht den Zweck und die Bedeutung der Anzeige. In diesem Fall läuft die Ladezeit nämlich schon vom Beginn der Beladung am ersten Platz. Der Verfrachter hat das Schiff grundsätzlich nur an einen Ladeplatz hinzulegen[111]. Ist das Schiff nach entsprechendem Hafenbrauch oder auf behördliche Anordnungen hin an andere Plätze hinzulegen, so ist die Verholzeit auf die Ladezeit anzurechnen[112].

Nach internationaler Auffassung ist die Ladebereitschaftsanzeige innerhalb der ortsüblichen Geschäftsstunden zu erstatten[113]. Dies ist mit dem Zweck der Anzeige durchaus vereinbar, weil der Befrachter nur in der Geschäftszeit die nötigen Vorbereitungen treffen kann. Aus diesem Grunde gilt eine spätere oder eine an einem Sonntag oder Feiertag erfolgte Anzeige als am nächsten Werktag erstattet[114].

---

[109] So z. B. Centrocon 13: "Time for loading shall commence to count 12 hours after written notice has been given by the Master ... on ..., but the said notice to be given at the first port ... of loading only."

[110] *Capelle* S. 205; *Schlegelberger-Liesecke* Anm. 8 zu § 567, S. 237; *Schaps-Abraham* Anm. 9 zu § 567, S. 351; *Prüssmann* § 567 C, S. 448.

[111] Vgl. *Pappenheim* III S. 155; *Schaps-Abraham* Anm. 4 zu § 560, S. 323; *Peters* S. 10.

[112] *Prüssmann* § 560 C, S. 402; *Rodière* I Nr. 178, S. 204; a. A. *Tsangaris* S. 234—235.

[113] Sentence arbitrale, 25 novembre 1966, D. M. F. 1967, 631; *Rodière* I Nr. 219, S. 248; *Tiberg* S. 273; *Schaps-Abraham* Anm. 9 zu § 567, S. 351; *Peters* S. 53; *Warneken* S. 35; *Sotiropoulos* D. N. E. E. Nr. 19 S. 12—18 (16); a. A. *Pappenheim* III S. 170; *Boyens* S. 130—131. Charterklauseln sehen häufig vor, daß der Kapitän die Ladebereitschaft innerhalb der üblichen Geschäftszeit anzeigen muß; so z. B. C(ore) 8, 6: "Lay Days to count from the Steamer's arrival ... and written notice thereof has been duly delivered to the Consignees ... between the hours of 9 a. m. and 5 p. m. Saturdays 9 a. m. to 1 p. m. ..."

[114] *Schlegelberger-Liesecke* Anm. 7 zu § 567, S. 237; *Tiberg* S. 273; *Schaps-Abraham* Anm. 9 zu § 567, S. 351; *Peters* S. 53; *Warneken* S. 35; *Sotiropoulos* D. N. E. E. Nr. 19 S. 12—18 (16); siehe auch Cour d'Amsterdam, 29 novembre 1922, Dor 8, 347, wo eine an einem Sonnabend nach 16 Uhr gemachte Anzeige als am folgenden Montag erfolgt galt, so daß der Dienstag der erste Tag der Ladezeit war; vgl. auch *Capelle* S. 204, der glaubt, daß eine am Sonntag oder Feiertag erstattete Anzeige als am nächsten Werktag erfolgt gilt, der Verfrachter an Werktagen die Anzeige aber zu jedem ihm passenden Zeitpunkt erstatten könne.

Wie erwähnt, gelten für die Löschzeit die gleichen Grundsätze wie für die Ladezeit. Nach englischem[115], französischem[116] und belgischem[117] Recht ist aber eine Anzeige der Löschbereitschaft für den Beginn der Löschzeit nicht erforderlich. Es ist Sache des Empfängers sich zu erkundigen, wann das Schiff löschbereit ist. Das bedeutet, daß die Löschzeit, sofern nichts anderes vereinbart ist, mit der Löschbereitschaft des Schiffes zu laufen beginnt. Es ist zu bemerken, daß durch die Erstattung einer Löschbereitschaftsmeldung nicht nur die letzten Vorbereitungen des Empfängers ermöglicht werden, sondern auch Streitigkeiten über den Beginn der Löschzeit vermieden werden[118]. In den üblichen Charterformularen wird die Pflicht zur Anzeige der Löschbereitschaft ausdrücklich hervorgehoben. So heißt es z. B. in Gencon 4:

"Time to commence at 1 p. m. if notice of readiness to discharge is given before noon, and at 6 a. m. next working day if notice given during office hours after noon"[119].

II. Voraussetzungen der Anzeige

1. Das geltende Recht

In Deutschland ist die Frage, welche Voraussetzungen im Zeitpunkt der Anzeige auf seiten des Schiffes erfüllt sein müssen, sehr umstritten[120]. Die herrschende Meinung[121] verlangt, daß das Schiff bei Erstattung der An-

---

[115] *Scrutton* S. 294; *Carver* S. 1046; *Summerskill* S. 138.

[116] Vgl. *Ripert* II Nr. 1537, S. 445—446.

[117] Vgl. *Smeesters-Winkelmolen* II Nr. 476, S. 7: «... la déclaration en douane et la mise à quai sont les deux éléments qui déterminent le point de départ de la starie. Ces deux conditions sont indispensables, mais on ne pourrait en exiger d'autres. Il n'est donc pas nécessaire que le capitaine adresse au préalable un avertissement au destinataire».

[118] Vgl. „IOANNIS K" 1964 A. M. C. 2070 = Hansa 1965 S. 1048, 1118.

[119] Ebenso Polcon 10; Baltcon 15; Propcon 13; Deuterzneu 8; Deutholzneu 7; Contwood 15; Welsh Coal 7; Papierholzcharter 12. In einigen Charterklauseln wird jedoch keine Löschbereitschaftsanzeige vorgesehen; so z. B. Baltcon 16: "Time for discharging to commence when the Vessel is reported at the Custom House, and really (wether in berth or waiting for a berth) to deliver, not withstanding any custom or law of the Port of Discharge."

[120] Ausführlich über die verschiedenen Ansichten in Literatur und Rechtsprechung *Peters* S. 25—34.

[121] *Schaps-Abraham* Anm. 7 und 10 zu § 567, S. 350, 352 und die dort angeführte Rechtsprechung: *Capelle* S. 205; *Wüstendörfer* S. 249; *Pappenheim* III S. 160, 163; *Warneken* S. 12, 38. Es ist unverständlich, wie *Schaps-Abraham* Anm. 7 zu § 594, S. 406, und *Warneken* S. 33 annehmen, der Schiffer könne im voraus anzeigen, daß er an einem bestimmten Tage lade- oder löschbereit sein werde, obwohl sie selbst eine den gegenwärtigen Tatsachen entsprechende Anzeige fordern.

zeige wirklich ladebereit ist. Nur eine der Wirklichkeit[122] entsprechende Bereitschaftsanzeige setzt also die Ladezeit in Lauf. Nach der Gegenmeinung[123] muß das Schiff nicht im Zeitpunkt der Anzeige, sondern bei Beginn der Ladezeit vollständig ladebereit sein. Der Schiffer darf demnach die Ladebereitschaft im voraus für einen späteren Zeitpunkt anzeigen, allerdings unter der Voraussetzung, daß das Schiff bereits im Hafen angekommen ist[124] und daß es zu dem angekündigten Zeitpunkt dann auch ladebereit ist. Die Zulässigkeit einer solchen Vorausanzeige[125] wird mit dem Argument begründet, daß bei einer den bereits vorliegenden Tatsachen entsprechenden Anzeige die ganze free time[126] für den Verfrachter ungenutzt verstreichen müßte. Das wäre aber heute eine schlechte wirtschaftliche Folge sowohl für die Vertragsparteien wie auch für die Wirtschaft im allgemeinen. Eine vorzeitige Anzeige gäbe einerseits dem Befrachter die Möglichkeit, sich auf die Beladung einzurichten, andererseits gäbe sie dem Verfrachter die Möglichkeit, die free time zur Herstellung der vollen Ladebereitschaft auszunutzen[127].

Der Meinung, daß nach deutschem Gesetz, wie es heute lautet, eine Vorausanzeige mit diesen rechtlichen Wirkungen zulässig sei[128], kann nicht zugestimmt werden. Laut § 567 Abs. 1 HGB „... hat der Schiffer, sobald er zur Einnahme der Ladung fertig und bereit ist, dies dem Befrachter anzuzeigen". Es handelt sich um eine Vorschrift von ausgezeichneter Klarheit bezüglich des Zeitpunktes, an dem die Anzeige zu erstatten ist. Voraussetzung für die wirksame Erstattung der Anzeige ist das Vorliegen der Ladebereitschaft. Eine Auslegung des Gesetzes, nach welcher der Auf-

---

[122] Nach den Vertretern der herrschenden Meinung gehört es jedoch nicht notwendig zur Ladebereitschaft, daß das Schiff schon am Ladeplatz liegt; davon war bereits die Rede, siehe oben S. 13.

[123] *Peters* S. 35—48 (47); Laun Hansa 1951 S. 239—241; *Prüssmann* § 567 C, S. 447; Hamburger Schiedsgutachten 12. 7. 1932 HRGZ Sp. 661—668 (666); siehe auch die bei *Lindenmaier* Hansa 1951 S. 204—205 behandelte Stellungnahme eines Hamburgischen Schiedsgerichts.

[124] Es wird auch die Ansicht vertreten, die Anzeige könne wirksam abgegeben werden, selbst wenn das Schiff nicht im Hafen eingetroffen sei; *Lebuhn* Hansa 1953 S. 426—427; siehe auch die bei *Lebuhn, Laun* jeweils a. a. O. oder bei *Peters* S. 32 zitierte Entscheidung des Landgerichts Stettin vom 11. 3. 1936.

[125] Die Vorausanzeige ist nicht mit der in den Charterpartien meist vorgesehenen Voranzeige (ETA-Meldung) zu verwechseln; dazu unten S. 34.

[126] Wie oben S. 11 erwähnt, beginnt die Ladezeit nicht mit der Anzeige, sondern nach Verstreichen eines bestimmten Zeitraums nach der Anzeige, der sogenannten free time, die dem Befrachter als Vorbereitungszeit eingeräumt wird. Näheres dazu unten S. 35.

[127] *Peters* S. 40, 43.

[128] *Peters* S. 43: „Das Gesetz läßt die Vorausanzeige zwar nicht zu, schließt sie aber auch nicht aus"; siehe auch *Peters* S. 8.

enthalt des Schiffes im Hafen möglichst verkürzt wird, ist — selbst wenn sie mit dem Wortlaut nicht vollkommen übereinstimmt — dann nicht nur gerechtfertigt, sondern geboten, wenn sie mit dem Zweck der Anzeige, wie ihn der Gesetzgeber mit seiner Regelung verfolgt hat, in Einklang steht. Gerade die oben erwähnte Ansicht widerspricht aber dem Zweck dieser Vorschrift; denn der Gesetzgeber wollte dem Befrachter die Möglichkeit geben, die für die Beladung notwendigen Vorbereitungen mit Sicherheit[129] treffen zu können. Dies ergibt sich auch aus der Tatsache, daß im Gesetz keine Rede davon ist, zu wessen Lasten die Vorbereitungskosten gehen, falls das Schiff wegen zufälliger Ereignisse zu dem im voraus angekündigten Zeitpunkt nicht ladebereit sein kann. Wollte man nach dieser Gesetzesvorschrift eine Vorausanzeige für zulässig halten, so wäre dies keine Auslegung, sondern eine Verfälschung des Gesetzes. Die Anzeige des § 567 Abs. 1 HGB hat den Inhalt „ich bin zum Laden bereit" und nicht „ich werde zum Laden zu einem bestimmten Zeitpunkt bereit sein".

Nach angloamerikanischem[130], französischem[131] und griechischem[132] Recht muß das Schiff bei Abgabe der Bereitschaftsanzeige tatsächlich ladebereit sein[133]; eine Vorausanzeige ist dort nicht bekannt.

2. *Versuch einer neuen Lösung*

Die Art der Anzeige, die § 567 HGB und die anderen erwähnten Rechtsordnungen vorschreiben, entspricht den heutigen Bedürfnissen nicht mehr. Jeder Zeitverlust bedeutet für die moderne Schiffahrt erhebliche Kosten,

---

[129] Eine Anzeige für die Zukunft ist immer mit Unsicherheiten belastet, weil das Schiff an seiner Ladebereitschaft durch zufällige Ereignisse gehindert werden kann.

[130] *Summerskill* S. 125, 139; *Scrutton* S. 132; *Carver* S. 1045; *Poor* S. 96—98.

[131] *Rodière* I Nr. 219, S. 249: «Le principe est que le capitaine ne peut pas prétendre envoyer la notice à un moment où il n'est pas en état de charger ou de décharger. Le point de départ des staries ne peut pas être arbitraire de sa part.»

[132] Nach Art. 128 Abs. 1 K. I. N. D.: „Bei Ganz- oder Teilverfrachtung hat der Verfrachter, wenn das Schiff im Hafen angekommen und bereit zum Löschen ist, dies dem Empfänger anzuzeigen." Für die Anzeige der Ladebereitschaft enthält K. I. N. D. keine Vorschrift; Art. 128 Abs. 1 findet hier entsprechende Anwendung; vgl. *Sotiropoulos* D. N. E. E. Nr. 19 S. 12—18 (12, 16).

[133] In den Charterpartien wird auch sehr häufig ausdrücklich vorgesehen, daß das Schiff bei Abgabe der Anzeige lade- oder löschbereit sein muß; so z. B. Nubaltwood 6: "... Time for loading shall commence at 2 p. m. if the Vessel be ready to load ... and written notice of readiness has been given to the Shippers ... before 10 a. m. and the commencement of the next working day if notice be given after 10 a. m. ..."; ebenso Baltcon 15, Saltcon 5, Contcoal 4, Centrocon 13 u. a.

und es soll versucht werden, das Schiff nicht ungenutzt im Hafen liegen zu lassen. Je kürzer der Aufenthalt im Hafen ist, desto geringer sind die Kosten für die Reederei und desto schneller ist die Beförderung der Güter; auch die Fracht ist geringer, und die Güter werden folglich billiger. Die gegenwärtig erforderliche Anzeige „ich bin zum Laden fertig" verurteilt das Schiff während der free time, beschäftigungslos am Ladeplatz zu liegen.

Eine gesetzliche Regelung, gemäß welcher der Verfrachter die Ladebereitschaft nach der Ankunft im Hafen für einen späteren Zeitpunkt anzeigen dürfte, würde den heutigen Bedürfnissen daher eher entsprechen[134]. Der Verfrachter könnte dann die free time ausnutzen, um die volle Ladebereitschaft des Schiffes herzustellen, und die Ladezeit begönne zu laufen, wenn das Schiff zu dem genannten Termin in jeder Hinsicht ladebereit ist[135].

Es fragt sich nun aber, was bei einer solchen Regelung zu gelten hat, wenn das Schiff zu diesem Zeitpunkt infolge höherer Gewalt am Ladeplatz nicht ladebereit sein kann. In diesem Fall entstünde dem Befrachter wegen der von ihm getroffenen Vorbereitungen (z. B. Arbeitskräfte, technische Hilfsmittel usw.) ein erheblicher Schaden. *Peters* S. 44 meint: „Wird durch höhere Gewalt eine unvorhersehbare Verspätung verursacht, so kann der Verfrachter nicht in Anspruch genommen werden: Das Risiko für einen etwaigen Schaden trägt der Befrachter"[136]. Diese Meinung ist abzulehnen. Das Bestreben, dem Schiff die Möglichkeit zu geben, jeden Moment auszunutzen, darf nicht dazu führen, daß der Befrachter mit erheblichen Kosten belastet wird. Das Risiko einer aus irgendwelchen Gründen falschen Vorausanzeige muß der Verfrachter tragen. Zu diesem Ergebnis führt die Abwägung der beteiligten Interessen. Es wäre vielmehr unbillig, wenn dem Verfrachter die Möglichkeit einer Vorausanzeige gegeben und der Befrachter mit der Gefahr der etwa daraus entstehenden Kosten belastet würde.

---

[134] Eine Vorausanzeige lassen die „Regeln von Athen" (Rule 2) S. 309 zu: "The Notice that the vessel is ready to load or discharge may be given when the vessel is actually ready for such operations, or will be so, in due time, according to the contract."

[135] Vgl. *Peters* S. 47.

[136] *Tiberg*, der die Vorausanzeige im geltenden deutschen Recht für zulässig hält, belastet dagegen S. 185 den Verfrachter mit dem Risiko, falls das Schiff zu dem in der Anzeige angegebenen Zeitpunkt nicht ladebereit ist; siehe auch *Sotiropoulos* D. N. E. E. Nr. 19 S. 12—18 (16).

III. Die sogenannte Voranzeige (ETA-Meldung)

Da die Abladung oft eine lange Vorbereitung[137] erfordert, für die der Zeitraum zwischen der Bereitschaftsanzeige und dem Beginn der Ladezeit nicht ausreicht, sehen die Charterpartien vor, daß der Verfrachter den Befrachter von der voraussichtlichen Ankunft (expected time of arrival = ETA) des Schiffes im Ladehafen[138] oder von der voraussichtlichen Ladebereitschaft[139] in Kenntnis zu setzen hat, so daß der Befrachter genug Zeit für die Vorbereitung der Beladung hat. Häufig wird auch vereinbart, daß der Verfrachter den Abgang des Schiffes vom letzten Hafen telegrafisch mitzuteilen hat[140].

Die sogenannte Voranzeige (ETA-Meldung) ersetzt die Anzeige der Ladebereitschaft nicht. Die Voranzeige dient der langfristigen Vorbereitung des Befrachters, während die Anzeige der Ladebereitschaft die letzten Vorbereitungen ermöglicht und die Ladezeit in Lauf setzt[141]. Die Zeit der Erstattung der Voranzeige und die Folgen einer verschuldeten Verspätung oder Unterlassung werden ausdrücklich in Charterpartien vorgesehen. Gewöhnlich wird vereinbart, daß der Verfrachter jede Verantwortung trägt, falls die Ladezeit infolge mangelhafter Voranzeige überschritten wird[142].

---

[137] Die Güter müssen im Hafen befördert werden, was in vielen Fällen längere Zeit erfordert.

[138] So z. B. Scanfin 2: "The Master or Owners shall telegraph the shipper of the cargo ... and give at least six clear days' notice of the probable date of vessel's arrival at the loading port"; so und ähnlich Baltwood 2, Propcon 2, Sovietwood 2. — Die Abgabe einer Voranzeige im Löschhafen wird selten vorgesehen; dies erklärt sich daraus, daß das Löschen keiner längeren Vorbereitung bedarf, wie die Abladung.

[139] So Papierholzcharter 3: „Der Kapitän oder die Reederei hat die Ablader ... wenigstens 7 laufende Kalendertage vorher von der voraussichtlichen Ladebereitschaft des Dampfers telegrafisch in Kenntnis zu setzen"; vgl. Deutholzneu 8.

[140] So heißt es in Baltcon 7: "A sailing telegram to be sent or communicated to the shippers' or charterers' Agents at Port of loading when the vessel leaves her last port ..."; vgl. Medcon 3, Coastcon 11, Polcon 3.

[141] *Capelle* S. 207; *Prüssmann* § 567 C, S. 448; *Schlegelberger-Liesecke* Anm. 6 zu § 567, S. 237; *Schaps-Abraham* Anm. 9 zu § 567, S. 351.

[142] Scanfin 2: "... Default of this shall not be considered a breach of charter, but Charterers shall not be responsible for delay in loading caused by such default of the Master or Owners"; so auch Papierholzcharter 3, Baltwood 2, Propcon 2. Dasselbe gilt, falls das Schiff zu dem in der Voranzeige genannten Datum den Hafen nicht erreichen kann, der Verfrachter es aber unterläßt, den Befrachter unverzüglich zu benachrichtigen. Der Befrachter kann auch Schadensersatz verlangen, falls er dadurch einen anderen Schaden erlitten hat; vgl. *Capelle* S. 207; *Peters* S. 23; *Prüssmann* § 567 C, S. 448.

Bei mehreren Ladehäfen ist anzunehmen, daß die Voranzeige in Ermangelung einer ausdrücklichen gegenteiligen Vereinbarung[143] wiederholt werden muß[144], sofern sie nach den Umständen nicht überflüssig ist.
Wegen der großen Bedeutung, die die Voranzeige in vielen Fällen für den Befrachter im Ladehafen hat, wäre es zweckmäßig, wenn alle Charterpartien eine ETA-Meldung vorschrieben[145].

D. Free time

§ 567 Abs. 2 HGB bestimmt: „Mit dem auf die Anzeige folgenden Tage beginnt die Ladezeit." Eine gleiche Regelung enthält Art. 129 Abs. 1 K. I. N. D. Auch nach englischer[146], französischer[147] und belgischer[148] Auffassung ist Voraussetzung für den Beginn der Ladezeit, daß eine freie Zeit nach der Anzeige verstrichen ist. Den Ablauf eines kurzen Zeitraums nach der Anzeige und vor dem Beginn der Ladezeit heben auch die meisten Charterklauseln ausdrücklich hervor. So heißt es z. B.:

"Time for loading shall count... from 24 hours after arrival at the loading port and notice of readiness to load has been given during official office hours by the Master or his Agents to the Shippers"[149].

Dieser Zeitraum zwischen der Anzeige und dem Beginn der Ladezeit heißt free time (Notizfrist). Die freie Zeit wird dem Befrachter gewährt, damit er die letzten notwendigen Vorbereitungen für die Beladung nicht innerhalb der Ladezeit zu treffen braucht[150]. Aus diesem Zweck der free time ergibt sich, daß sie an Sonntagen und Feiertagen nicht läuft, weil an solchen Tagen die Vorbereitung nicht möglich ist[151]. Es ist aber zu beachten, daß die free time durch Unwetter nicht unterbrochen wird; denn

---

143 z. B. Propcon 2.
144 So ausdrücklich Sovietwood 2; Baltwood 2.
145 Die sehr gebräuchliche Gencon charter-party schreibt keine Pflicht des Verfrachters zur Abgabe einer Voranzeige vor.
146 *Summerskill* S. 105, 142; *Tiberg* S. 268; *Carver* S. 1007.
147 *Rodière* I Nr. 226, S. 253—255; *Ripert* II Nr. 1537, S. 448.
148 *Smeesters-Winkelmolen* II Nr. 475, S. 6.
149 Sovietwood 6; ähnlich Centrocon 13; Baltcon 15; Papierholzcharter 6; Propcon 13; Contcoal 4; Saltcon 5; Nubaltwood 6. Der Zeitraum zwischen der Anzeige und dem Beginn der Ladezeit ist in den Charterklauseln unterschiedlich.
150 Hamburger Schiedsspruch 1. 2. 1957 Hansa 1957, S. 646—647 (646); *Ehlers* Hansa 1957 S. 1514—1516 (1515); *Capelle* S. 211; *Schlegelberger-Liesecke* Anm. 13 zu § 567, S. 238; *Prüssmann* § 567 D, S. 449; *Rodière* I Nr. 226, S. 253.
151 *Rodière* I Nr. 226, S. 254; *Aisenstein* S. 206; vgl. auch die Zitate oben S. 29 Fußn. 114.

während schlechtes Wetter zwar die Ladungsarbeiten unmöglich machen kann, hindert es nicht das Beschaffen von Arbeitskräften und technischen Hilfsmitteln[152].

Große Zweifel hinsichtlich der free time entstehen, wenn sie zum Laden gebraucht wird. Sofern das Schiff ladebereit ist, kann der Befrachter mit den Ladearbeiten vor Ablauf der free time anfangen. Der Schiffer kann den früheren Ladebeginn jedoch auch verhindern[153], weil die free time als Vorbereitungszeit und nicht zum Laden eingeräumt ist. Er kann auch den früheren Beginn der Ladearbeiten erlauben und sich dabei vorbehalten, daß die vereinbarte Ladezeit mit dem Beginn der Arbeiten zu laufen anfängt. In diesem Fall ist offenkundig, daß eine Änderung des Vertrages über die vorgesehene Ladezeit erfolgt, mit anderen Worten, daß die zum Laden gebrauchte free time als Ladezeit zählen muß. Wird aber, wie üblich, die Zustimmung des Schiffes ohne Vorbehalt erteilt, so ist streitig, ob die Ladezeit mit dem Beginn der Ladearbeiten in Lauf gesetzt wird.

In Frankreich sind die Meinungen geteilt. Während *Ripert* und andere[154] annehmen, daß die free time zugunsten des Befrachters bestehe, so daß er sie nach seinem Willen ausnutzen könne, lehrt *Rodière*[155], daß eine solche Auslegung widersinnig erscheine. Es sei mindestens zwischen Liege- und Eilgeldanspruch zu differenzieren, und bei einem Eilgeldanspruch müsse die gebrauchte free time als Ladezeit gerechnet werden. Ein Teil der französischen Gerichtsurteile hat entschieden, daß die tatsächlich zur Beladung benutzte free time nur zur Hälfte auf die Ladezeit angerechnet wird[156].

---

[152] *Rodière* a. a. O.; *Aisenstein* a. a. O.; *Tiberg* S. 273.

[153] Hamburger Schiedsspruch 1. 2. 1957 Hansa 1957 S. 646—647 (646); Hamburger Schiedsgutachten 12. 7. 1932 HRGZ 1932 Sp. 661—668 (665); *Ehlers* Hansa 1957 S. 1514—1516 (1515); *Capelle* S. 212, 434; *Laun* Hansa 1951 S. 239—241 (240); *Schlegelberger-Liesecke* Anm. 13 zu § 567, S. 238; *Schaps-Abraham* Anm. 10 zu § 567, S. 351—352; *Peters* S. 56; *Prüssmann* § 567 D, S. 449; *Tiberg* S. 272; *Aisenstein* S. 207; *Smeesters-Winkelmolen* II Nr. 475, S. 6; anders Hamburger Schiedsgericht Hansa 1924 S. 1001; Trib. com. Le Havre, 1 mai 1934, Dor Sup. 12, 271: «Attendu qu'en l'espèce, le capitaine ne s'est pas opposé au déchargement de son navire mais qu'il n'était pas fondé à subordonner son autorisation à l'acceptation, par le destinataire, de modifier l'heure de départ des staries prévue à la convention.»

[154] *Ripert* II Nr. 1537, S. 448: «En d'autres termes le free time appartient au réceptionnaire qui en use comme il l'entend»; *Aisenstein* S. 208; so auch *Smeesters-Winkelmolen* II Nr. 475, S. 6, für das belgische Recht.

[155] *Rodière* I Nr. 226, S. 254: «... cette interprétation paraît désaisonnable»; so auch Trib. com. Le Havre, 1 mai 1934, Dor Sup. 12, 271.

[156] C. A. Douai, 18 juillet 1929, Dor Sup. 7, 397. Die Anrechnung der Hälfte wird bisweilen in den Charterpartien vereinbart, z. B. C(ore) 7, 6: "... In case

In Deutschland herrscht die Ansicht vor, daß, falls während der Notizfrist mit dem Laden begonnen ist, mangels gegenteiliger Vereinbarung die Notizfrist nicht als Ladezeit gilt[157].
Auch in Griechenland wird angenommen, daß die zum Laden gebrauchte free time nicht als Ladezeit gelten soll, weil sie zugunsten des Befrachters gewährt wird[158].
Im gleichen Sinne hat sich die englische Rechtsprechung ausgesprochen[159], während ein Hamburger Schiedsspruch[160] vom 1. Februar 1957 abweichend von der herrschenden Meinung in Deutschland entschieden hat, daß eine vorzeitige Löschung zur Vorverlegung der vertraglich vereinbarten Löschzeit führt. In der Begründung wird darauf hingewiesen, daß die Notizfrist dem Befrachter bewilligt wird, damit er die Löscharbeiten so vorbereiten könne, daß sie gleichzeitig mit der vertraglichen Löschzeit beginnen könnten. Wenn der Charterer aber mit den Löscharbeiten bereits vor dem vertraglichen Zeitpunkt beginne, müsse gleichzeitig der Anfang der Löschzeit vorverlegt werden, sonst würde dies auf eine zweckwidrige Ausnutzung der free time hinauslaufen, die aber rechtlich nicht anerkannt werden könne.
Sofern nichts anderes vereinbart ist, kann man m. E. aus der Tatsache, daß ein früherer Ladebeginn gebilligt worden ist, nicht schließen, daß eine Änderung des Vertrages über die vorgesehene Ladezeit erfolgte, weil der Verfrachter zum Zeitpunkt der Einwilligung schon weiß, daß der Befrachter mit den Ladearbeiten vor Beginn der Ladezeit anfangen will, um möglichst viel Eilgeld zu erhalten und andererseits auch Liegegeld zu vermeiden. Trotzdem gibt es die Einwilligung ohne Vorbehalt, woraus geschlossen werden kann, daß er den Vorschlag des Befrachters

---

Shippers can arrange to load or discharge ... before time commences to count, Capitain to allow work to be done; half such time used to count".

[157] HansOLG Hamburg 17. 9. 1964 VersR 1964 S. 1294—1295; Hamburger Schiedsgericht 18. 12. 1967 Hansa 1969 S. 786—788 (788); *Capelle* S. 212; *Schaps-Abraham* Anm. 10 zu § 567, S. 351; *Ehlers* Hansa 1957 S. 1514—1516; *Peters* S. 55; *Schlegelberger-Liesecke* Anm. 13 zu § 567, S. 238; *Prüssmann* § 567 D, S. 449; *Warneken* S. 9; siehe auch Gutachten Schutzverein Deutscher Rheder Hansa 1957 S. 1819.

[158] OLG Thessaloniki 18/1967 E. Emp. D. 1967, 239 mit Anm. von *Sotiropoulos; Papamichalopoulos* S. 39, 61; *Sotiropoulos* D. N. E. E. Nr. 19 S. 12—18 (17); siehe auch kritische Anm. von *Kolymbas* unter der Entscheidung LG Thessaloniki 3916/1964 in Nautika Chronika Nr. 718/477 (1965) S. 31—32; das LG Thessaloniki hat in dieser Entscheidung über einen Eilgeldanspruch die zum Löschen gebrauchte free time als Löschzeit gerechnet.

[159] Pteroti Compania Naviera S. A. v. National Coal Board (1958) I Lloyd's Rep. 245 = Hansa 1958 S. 944; *Carver* S. 1021; *Summerskill* S. 141; *Tiberg* S. 270.

[160] Hansa 1957 S. 646—647; dabei handelte es sich um einen Eilgeldanspruch.

annimmt, zumal er auch selber an der schnellstmöglichen Abfertigung seines Schiffes interessiert ist. Die vertraglich vorgesehene Ladezeit wie auch die Rechte des Befrachters aus der free time werden also durch den früheren Ladebeginn[161] nicht berührt. Dies gilt sowohl für den Liegegeldanspruch als auch für den Eilgeldanspruch. Das Argument, daß ein vorzeitiger Beginn des Ladens oder Löschens nicht mit dem Sinn und Zweck der free time vereinbar sei, weil sie als Vorbereitungszeit gewährt wird, kann nicht als ausreichend angesehen werden. Aus diesem Zweck kann man nur ableiten, daß der Befrachter bzw. Empfänger für den Fall, daß das Schiff lade- oder löschbereit ist, nicht verlangen kann, mit den Lade- oder Löscharbeiten vor dem Beginn der Lade- oder Löschzeit anzufangen.

Auch die von *Rodière* getroffene Unterscheidung ist nicht richtig. *Rodière* unterscheidet zwischen dem Liegegeldanspruch, bei dem die zum Laden verbrauchte free time nicht als Ladezeit gelten soll, und dem Eilgeldanspruch, bei dem der Teil der Zeit, der durch den früheren Ladebeginn gespart wurde, von der gesparten Zeit abgezogen werden soll. Diese Unterscheidung hat zur Folge, daß die Ladezeit im Falle des Liegegeldes mit dem Ende der free time beginnt, im Falle des Eilgeldes aber vor diesem Zeitpunkt, d. h. mit dem tatsächlichen Beginn der Ladearbeiten. Der Zeitpunkt des Beginns der Ladezeit verändert sich also je nachdem, ob Zeit erspart oder zuviel verbraucht wurde. Diese Ansicht übersieht, daß die Ladezeit ein einheitlicher Begriff ist und für ihren Beginn die gleichen Grundsätze gelten, einerlei, ob es sich um den Liege- oder Eilgeldanspruch handelt. Will man in der Vereinbarung der Parteien über einen früheren Ladebeginn eine Vertragsänderung in bezug auf den Beginn der vertraglich erlaubten Ladezeit erblicken, so muß man annehmen, daß diese Vertragsänderung für beide Ansprüche (Liege- und Eilgeld) gilt; verneint man umgekehrt eine Vertragsänderung über den Beginn der Ladezeit, so gilt die zum Laden benutzte free time nicht als Ladezeit, und der Befrachter kann hierdurch einerseits Liegegeld vermeiden, andererseits Eilgeld verdienen.

Aus dem oben Gesagten folgt auch, daß die Ansicht, die zur Beladung benutzte free time müsse nur zur Hälfte auf die Ladezeit angerechnet werden, nicht richtig ist.

---

[161] Nach der Entwicklung der Schiffahrt wird die free time in der Praxis oft mit der Zustimmung des Schiffers zum Laden bzw. Löschen gebraucht, so daß man heute über einen neuen Charakter der free time sprechen kann; nach *Ehlers* Hansa 1957 S. 1515: „was vereinbart wird, ist vielmehr im Grunde nur ein reines Schema für die Berechnung der Zeit, die das Schiff zur Verfügung der Charterer stehen muß“. Nach dem Hafenbrauch von Calais kann die free time zum Laden genutzt werden; Dor Sup. 7, 397.

Soll die free time, während derer geladen wurde, als Ladezeit gerechnet werden, so bedarf es einer ausdrücklichen Abrede im Frachtvertrag[162], so z. B.:
"time for loading shall count (unless loading is commenced sooner) from 24 hours after arrival at the loading port ..."[163].
Die „Regeln von Athen" bestimmen ausdrücklich, daß die free time als reguläre Ladezeit zählt, falls mit der Beladung vor dem Beginn der Ladezeit angefangen wird[164].

Zweiter Abschnitt

Regelung des Beginns der Lade- und Löschzeit in den Charterpartien

Es wurde bereits dargelegt, daß die Voraussetzungen des Beginns der Lade- oder Löschzeit in der Regel die Ankunft des Schiffes im Hafen, die Ladebereitschaft des Schiffes, die Anzeige der Ladebereitschaft und das Verstreichen der free time sind. Diese Voraussetzungen werden aber sehr häufig durch vertragliche Abmachungen im Frachtvertrag geändert. In vielen Chartern finden sich Klauseln, nach denen die Ladezeit, ohne daß die genannten Voraussetzungen erfüllt sind, zu laufen beginnt. Im folgenden werden die wichtigsten dieser Klauseln erörtert.

A. Die Klausel "whether in berth or not"

Wie schon erwähnt, kann die Ladezeit nicht beginnen, wenn sich das Schiff nicht am Ladeplatz befindet. Häufig aber wird im Frachtvertrag vereinbart, daß die Ladezeit unabhängig davon zu laufen beginnt, ob das Schiff am Ladeplatz liegt oder nicht, wenn nur die Voraussetzung erfüllt ist, daß es im übrigen ladebereit ist. Das wird durch die Klausel "whether in berth or not" geregelt. So heißt z. B.:

---

[162] Natürlich steht es den Parteien frei zu vereinbaren, daß die zum Laden gebrauchte free time nur im Falle des Eilgeldes als Ladezeit gerechnet werden muß.
[163] Sovietwood 6; ähnlich Skanderz 8; C(ore) 7, 6; in diesem Fall ist aber der Befrachter berechtigt zu verlangen, daß mit der Beladung vor dem Beginn der Ladezeit angefangen wird, sofern das Schiff ladebereit ist; vgl. *Capelle* S. 212.
[164] Rule 2 S. 313: "The Master may authorize loading or unloading before the end of the free time; when so, any time used counts as lay-time."

"Time to commence when Vessel is ready to unload and written notice given, wether in berth or not"[165]

oder

„Die Lade- und Löschzeit beginnt zu zählen ... nachdem der Kapitän ... die Lade-Löschbereitschaft ... gemeldet hat, ... einerlei ob der Dampfer dann einen Lade- bzw. Löschplatz hat oder nicht"[166].

Ist die Klausel "whether in berth or not" vereinbart, so geht eine durch Platzmangel verursachte Verzögerung zu Lasten des Befrachters[167]. Streitig ist, ob die Anwendung der Klausel die Ankunft des Schiffes im Hafen voraussetzt. Nach einer Ansicht[168] ist es für die Anwendung der Klausel nicht erforderlich, daß das Schiff im Hafen liegt. Es soll genügen, wenn es außerhalb eines überfüllten Hafens wartet. Die Bereitschaftsanzeige könne nach der Ankunft des Schiffes vor einem überfüllten Hafen rechtswirksam abgegeben werden. Nach der anderen Meinung[169] muß das Schiff "the commercial area of the port" erreicht haben. So hat Queen's Bench Division im Fall Carga del Sur Compania Naviera S. A. v. Ross T. Smyth & Co. Ltd. (The Seafort) entschieden[170]:

"... it is clear that the vessel, on arrival at Spurn Head, had not even reached the legal, administrative or fiscal limits of the port of Hull and it is quite impossible to give to the words 'whether in berth or not' the effect of extending the words 'arrival at second port' to include a place which is not within the limits of the port, whether legal, administrative or fiscal".

Auch die neue hanseatische Rechtsprechung hat in diesem Sinne entschieden. So heißt es in einem Urteil des Hanseatischen Oberlandesgerichts Bremen vom 18. Juni 1964[171]:

---

[165] Medcon 10; ebenso Baltcon 15; Coastcon 18; Welcon 3; Sovietwood 6; Contwood 15; Polcon 4.

[166] Skanderz 8; ebenso Deuterzneu 8.

[167] Hamburger Schiedsspruch 3. 2. 1959 Hansa 1959 S. 2085.

[168] *Peters* S. 40: „Die Anwendung der Klausel setzt nicht voraus, daß das Schiff im Hafen liegt. Muß das Schiff wegen der Überfüllung außerhalb des Hafens warten, ist es erforderlich und ausreichend, wenn es den Platz eingenommen hat, den die Hafenbehörden für wartende Schiffe bestimmen"; ebenso Schutzverein Deutscher Rheder Hansa 1957 S. 1666; *Rordam* S. 128; vgl. auch *Ripert* II Nr. 1537, S. 446: «... les staries courent du jour de l'arrivée du navire en rade».

[169] HansOLG Bremen 18. 6. 1964 Hansa 1964 S. 2374—2376 (2375); Carga del Sur Compania Naviera S. A. v. Ross T. Smyth & Co. Ltd. (The Seafort) (1962) 2 Lloyd's Rep. 147; *Scrutton* S. 126 Note d; *Rodière* I Nr. 221, S. 250; *Smeesters-Winkelmolen* II Nr. 479, S. 11; *Aisenstein* S. 198; *Prüssmann* § 560 C, S. 403; *Papamichalopoulos* S. 51; *Sotiropoulos* D. N. E. E. Nr. 19 S. 12—18 (17); *Anastasiadis* S. 211 Note 13; *Summerskill* S. 149.

[170] (1962) 2 Lloyd's Rep. 147 (154).

[171] Hansa 1964 S. 2375.

„... MS ‚C' hatte seinen Bestimmungshafen Bremen noch nicht erreicht, sondern ankerte über 60 sm entfernt beim Weserfeuerschiff, als es die Löschbereitschaftsanzeige abgab. Es war demnach ... noch nicht ‚angekommen', so daß die Löschbereitschaftsanzeige unwirksam war. Der ... geäußerten Ansicht, daß die Klausel 'whether in berth or not' die Ankunft des Schiffes im Bestimmungshafen nicht voraussetze, kann nicht gefolgt werden; ... Die Bedeutung der Klausel steht seit langem fest"[172].

Diesen Ausführungen ist in vollem Umfange beizutreten. Die Klausel "whether in berth or not" deckt nur die Nichteinnahme des Ladeplatzes; die anderen Voraussetzungen der Ladebereitschaft müssen für ihre Anwendung jedoch vorliegen. Das Schiff muß also sowohl im Hafen[173] angekommen als auch im übrigen ladebereit sein[174]. Darüber hinaus kann sich der Verfrachter durch diese Klausel nicht schützen.

Enthält die Charter außer der Klausel "whether in berth or not" eine Generalklausel, nach der die Ladezeit durch Hindernisse, die außerhalb der Kontrollmöglichkeiten des Charterers liegen, unterbrochen wird, so fragt es sich, ob sich der Charterer auf die allgemeine Klausel berufen kann, falls Platzmangel das Hindernis für die Verzögerung ist[175]. Der Court of Appeal hat vor kurzem im Fall N. V. Reederij Amsterdam v. President of India zugunsten des Befrachters entschieden[176]. Die Charter enthielt die Centrocon-Streik-Klausel, die wie folgt lautet:

"If the cargo cannot be loaded by reason of ... a strike ... or by reason of obstructions or stoppages beyond the control of the Charterers on the Railways, or in the Docks, or other loading places ... the time for loading ... shall not count during the continuance of such causes ...".

In der Charter war auch die Klausel "whether in berth or not" enthalten. Das Schiff konnte wegen einer Ansammlung von Schiffen im

---

[172] MS „C" mußte auf Anweisung der Hafenbehörden vor dem Hafen warten, weil wegen Überfüllung der Bremer Häfen kein Löschplatz frei war.

[173] Der Begriff des Hafens ist im kommerziellen, nicht im verwaltungstechnischen Sinne zu verstehen; siehe dazu oben S. 12. Ein auf der Hafenreede ankerndes Schiff ist noch kein "arrived ship"; vgl. oben S. 20. Die Ankunft des Schiffes im Hafen lassen auch die „Regeln von Athen" zu; nach Rule 6 S. 310: "The clause 'whether in berth or not' enables the Master to give notice as soon as he arrives at the port, irrespective of the availability of the berth."

[174] Die Beladung soll an dem Platz, an dem das Schiff liegt, sei es auch unter außergewöhnlichen Mitteln und Kosten, möglich sein; *Smeesters-Winkelmolen* II Nr. 479 S. 11: «Mais il faut au moins que le travail soit possible, et la starie ne commencerait pas à courir si le navire se trouvait à un endroit où le travail est interdit»; vgl. auch C. A. Gênes, 8 février 1909, R. I. D. M. XXIV, 847; C. A. Aix, 13 février 1922, R. I. D. M. XXXIV, 621; *Aisenstein* S. 199; *Anastasiadis* S. 211 Note 13; *Papamichalopoulos* S. 51.

[175] In einem solchen Fall widersprechen die beiden Klauseln einander.

[176] (1961) 2 Lloyd's Rep. 1 = Hansa 1961 S. 2289.

Hafen seinen Platz nicht erreichen, und es mußte etwa vierzehn Tage auf einen Liegeplatz warten. Das Gericht hat diese Tage nicht der Ladezeit zugerechnet und den Liegegeldanspruch zurückgewiesen. In der Begründung wird darauf hingewiesen, daß die Überfüllung des Hafens, die das Anlegen des Schiffes unmöglich macht, eine „obstruction“ im Sinne der Centrocon-strike-clause ist und die Ladezeit demzufolge erst nach Erreichen des Ladeplatzes beginnen kann; dies trotz Hinzufügung der Klausel "whether in berth or not".

Diese Entscheidung kann nicht gebilligt werden. Falls die beiden oben erwähnten Klauseln vereinbart sind, muß die Verzögerung, soweit es sich um die Folgen einer Überfüllung des Hafens handelt, zu Lasten des Befrachters gehen, weil die Klausel "whether in berth or not" speziell für einen Platzmangel vereinbart wird und daher vorrangig auch gegenüber der Generalklausel gelten muß. Andernfalls hätte die Klausel "whether in berth or not" keinen Sinn[177].

Geht gemäß der Berth-Klausel die Wartezeit eines Schiffes auf Freiwerden des Ladeplatzes zu Lasten des Befrachters, so erhebt sich die Frage, ob von der Wartezeit diejenigen Zeiträume (z. B. Sonn- und Feiertage) ausgeschlossen sind, die auch von der Ladezeit ausgeschlossen werden. Man wird das bejahen müssen, weil die Ladezeit hier bereits angefangen hat und die "expected periods" in sie nicht eingerechnet werden[178].

Bei *Capelle* S. 186 heißt es: „Die wesentliche Bedeutung der Klausel liegt also darin, das Verzögerungsrisiko auf den Charterer abzuwälzen, und zwar soweit es sich um die Folgen objektiver Hindernisse handelt“[179]. Einer solchen Auslegung der Klausel ist nicht zuzustimmen. Durch die Klausel "whether in berth or not" wird das Verzögerungsrisiko nur dann auf den Befrachter abgewälzt, wenn wegen Überfüllung des Hafens kein Ladeplatz zur Verfügung steht, nicht aber, wenn das Schiff infolge anderweitiger objektiver Hindernisse (z. B. plötzliches Zufrieren der Zufahrt) den Ladeplatz nicht erreichen kann[180].

Die Klausel findet auch keine Anwendung, wenn der Schiffer die Einnahme des Ladeplatzes ohne rechtlichen Grund abgelehnt hat[181] oder die

---

[177] Vgl. auch *Bonnassies* Bemerkungen zu diesem Urteil in D. M. F. 1963 S. 314.

[178] Vgl. *Summerskill* S. 149.

[179] Ebenso *Schaps-Abraham* Anm. 5 zu § 594, S. 405, unter Berufung auf die Entscheidungen HansOLG HansGZ 1908 Sp. 248 und HG Antwerpen Revue-Autran Bd. 15 S. 677.

[180] HansOLG Bremen 18. 6. 1964 Hansa 1964 S. 2374—2376 (2375); Carga del Sur Compania Naviera S. A. v. Ross T. Smyth & Co. Ltd. (The Seafort) (1962) 2 Lloyd's Rep. 147; s. auch *Peters* S. 144—145; *Rordam* S. 128.

[181] OLG Königsberg 21. 6. 1929 HRGZ 1929 S. 675; *Capelle* S. 186; *Peters* S. 144.

Nichteinnahme auf ein Verschulden des Verfrachters zurückgeführt werden muß[182].

B. Die Klausel "time lost in waiting for berth to count as loading time"

Zu den Klauseln, durch die die Folgen einer Überfüllung des Hafens auf den Befrachter abgewälzt werden, gehört auch die "time lost in waiting"-Klausel der Gencon-charterparty[183].

Bei dieser Klausel beginnt die Ladezeit im eigentlichen Sinne, wenn das Schiff seinen Ladeplatz erreicht hat[184]. Die Wartezeit des Schiffes auf Freiwerden des Ladeplatzes wird aber in die Ladezeit eingerechnet. In diesem Sinne wird die Klausel von der neuen englischen Rechtsprechung ausgelegt, die die vorliegende Klausel für von der laytime-Klausel unabhängig hält und zwischen "waiting time" und "loading time" unterscheidet[185]. Diese Unterscheidung hat zur Folge, daß

a) die Anwendung der Klausel keine Anzeige der Ladebereitschaft voraussetzt; die Anzeige wird von der laytime-clause für den Beginn der Ladezeit vorgesehen,

b) die von der Ladezeit ausgenommenen Sonn- und Feiertage von der "lost time" nicht ausgeschlossen werden, weil der Ausschluß dieser Zeiträume zwar für die eigentliche Ladezeit vorgesehen ist, diese aber noch nicht begonnen hat.

Der neuen englischen Rechtsprechung hat sich auch ein Hamburger Schiedsspruch vom 18. Dezember 1967 angeschlossen[186].

Die Klausel "time lost in waiting" überträgt vor allem das Risiko einer Überfüllung des Hafens auf den Befrachter. Es ist aber für die Anwendung der Klausel nicht erforderlich, daß der Ladeplatz unbedingt besetzt

---

182 Schiedsspruch HRZ 1923 Sp. 539; *Capelle, Peters* a. a. O.

183 Gencon 3 für das Laden und 4 für das Löschen; vgl. Deutgencon 5 und 6: „Zeitverlust durch Warten auf einen Lade(Lösch)platz zählt als Lade(Lösch)zeit".

184 Es handelt sich um eine berth charterparty; vgl. *Summerskill* S. 144.

185 North River Freighters Ltd. v. President of India (The Radnor) (1955) 2 Lloyd's Rep. 668 = D. M. F. 1956, 438; s. auch Government of Ceylon v. Société Franco-Tunisienne (The Massalia) (1960) 2 Lloyd's Rep. 352 und Analyse *Bonnassies* in gleicher Sache D. M. F. 1963 S. 315; vgl. weiter *Summerskill* S. 144—148; *Carver* S. 1061.

186 Hamburger Schiedsgericht 18. 12. 1967 Hansa 1969 S. 786—788.

ist; es genügt, daß der Befrachter das Schiff nach dessen Ankunft im Hafen an einen vorläufigen Warteplatz gewiesen hat[187].

C. Die Klausel "at the port or off the port"

Enthält die Charter die Klausel "at the port or off the port", so beginnt die Ladezeit, wenn das Schiff im oder vor dem Hafen angekommen ist[188]. In diesem Fall beginnt die Ladezeit zu laufen, obwohl die Ladearbeiten unmöglich sind. Die Klausel findet nicht nur Anwendung, wenn das Schiff den Hafen oder den Ladeplatz wegen Überfüllung nicht erreichen kann, sondern in allen Fällen, in denen es an der Einnahme des Ladeplatzes verhindert wird[189]. Zur Anwendung der Klausel ist erforderlich, daß der Schiffer die Ladebereitschaftsanzeige erstattet hat[190].

D. Die Klausel "so near as"

In den Charterpartien wird fast immer vorgesehen, daß der Verfrachter von der Verpflichtung, das Schiff zu dem vereinbarten Hafen zu bringen, befreit wird, wenn das Schiff den benannten Hafen nicht sicher erreichen kann[191]. Das geschieht durch die sogenannte "so near as"-Klausel, die z. B. lautet:

---

[187] Hamburger Schiedsgericht a. a. O. S. 787: „Es ist unerheblich, ob der endgültige Liegeplatz schon von vornherein hätte eingenommen werden können, wie die Klägerin behauptet, wesentlich ist allein, daß sie das Schiff nicht dorthin gewiesen hat. Nach dem Vertrage hatte sie insoweit die alleinige Dispositionsbefugnis, und erst mit ihrer Ausübung wurde der berth bestimmt, nicht anders als wenn der Platz zunächst besetzt gewesen wäre. Bis dahin war das Schiff "waiting for berth" und war die darauf verwendete Zeit "lost time" im Sinne der erwähnten Klausel."

[188] *Rodière* I Nr. 223, S. 25; *Tiberg* S. 249; *Aisenstein* S. 201; *Ripert* II Nr. 1537, S. 446; C. A. Rouen 18 juin 1919 R. I. D. M. XXXI, 496; vgl. auch Rule 8 der „Regeln von Athen" S. 311; nach dieser Regel zählt die Zeit des Verholens vom Warteplatz zum Ladeplatz nicht als Ladezeit.

[189] Vgl. *Aisenstein* S. 201—202; *Rodière* a. a. O.

[190] *Tiberg* S. 249; *Aisenstein* S. 202; a. A. *Papamichalopoulos* S. 62 und die dort angeführten Zitate; die Regel 8 der „Regeln von Athen" sieht ausdrücklich eine Anzeige vor: "The clause 'At port' or 'Off the port' entitles the Master to give the Notice as soon as the vessel is in the roads or in the port waters ..." Obwohl eine solche Anzeige keine wahre Ladebereitschaftsmeldung ist, könnte sie für den Befrachter nützlich sein, weil er dadurch erfährt, wann die Ladezeit zu laufen beginnt; *Aisenstein* S. 202.

[191] In der Praxis ist die Klausel für den Löschhafen bedeutsamer. Dafür gibt es eine große Anzahl von Gerichtsentscheidungen.

"That the said vessel shall proceed to ... or so near thereto as she may safely get and lie always afloat"[192].

Liegen die Voraussetzungen der Klausel vor, so endet die Reise an dem Punkte oder dem nächsten Hafen, den das Schiff ohne Gefährdung seiner Sicherheit erreichen kann. Die Ankunft des Schiffes als Voraussetzung des Beginns der Lade- oder Löschzeit ist hier vorhanden. Der Verfrachter darf von diesem Zeitpunkt ab, wenn die anderen Voraussetzungen erfüllt sind, die Lade- bzw. Löschbereitschaftsanzeige erstatten. Die Umstände, die das Schiff an der Erreichung des vereinbarten Hafens hindern, können sowohl physikalischer als auch politischer Natur sein[193].

Über den Sinn der Near-Klausel besteht in Rechtsprechung und Literatur keine Einstimmigkeit.

Nach einer in Frankreich vertretenen Ansicht[194] liegen die Voraussetzungen der Klausel nur im Falle höherer Gewalt vor. Der Verfrachter kann sich demnach nicht auf die Klausel berufen, wenn das Hindernis, das die Sicherheit des Schiffes gefährdet, vorhersehbar war. Die Gerichte und die Autoren begründen diese Meinung damit, daß der Verfrachter, bevor er den Vertrag unterzeichnet, verpflichtet sei, sich zu erkundigen[195], ob es möglich ist, daß sein Schiff den Hafen erreicht. So hat z. B. das Gericht *Caen* in einem Urteil vom 25. April 1958 zu dieser Frage mit folgenden Worten Stellung genommen[196]:

«Attendu que celle-ci ne peut, en effet, s'entendre que de l'exonération d'un cas de force majeure exceptionnel, imprévisible et irrésistible, faisant momentanément obstacle à l'entrée d'un port; qu'elle ne saurait s'appliquer à l'événement

---

192 Gencon 1; ebenso Propcon 1, Nubaltwood 1, Sovietwood 1, Scancon 1 und viele andere.

193 *Scrutton* S. 115; *Summerskill* S. 119; *Tiberg* S. 227; *Aisenstein* S. 195. Für den Fall der Eisbehinderung enthalten die Charterpartien häufig Eisklauseln. Falls dies aber nicht zutrifft, kann die Klausel "so near as" auch bei solchen Fällen angewandt werden; vgl. *Rodière* I Nr. 208, S. 237; *Summerskill* S. 119.

194 Cour Rouen, 23 mars 1925, Dor. Sup. 1925, 411; Cour Caen, 25 avril 1958, D. M. F. 1958, 486; J de Grandmaison Note unter der Entscheidung Caen, 25 avril 1958, D. M. F. 1958, 486 (S. 489); *Jantzen* Dor XXV S. 1—7 verlangt, daß das Hindernis zur Zeit des Vertragsschlusses unvorhersehbar ist; vgl. auch *Aisenstein* S. 193: «La clause 'as near as' s'applique lorsque le navire se trouve en présence d'un obstacle — nautique ou politique — de caractère exceptionnel et anormal, dans sa prévisibilité, son intensité, sa durée»; mehrere Gerichtsentscheidungen in diesem Sinne s. *Warrot* D. M. F. S. 323—329 (326) und *Aisenstein* S. 194.

195 Informationen über die Verhältnisse in Häfen und die örtlichen Verordnungen geben die nautischen Instruktionen (instructions nautiques) "ports of the world". Der Verfrachter kann allerdings auch Informationen von seinem örtlichen Agent erhalten.

196 Cour Caen, 25 avril 1958, D. M. F. 1958, 486.

qui pouvait être connu à la signature de la convention; qu'il appartient à l'armateur qui seul connaît les caractéristiques de son bateau, de se renseigner préalablement au contrat sur les possibilités pour lui d'exécuter son obligation de décharger au port convenu».

Nach der Gegenmeinung[197] sind die Voraussetzungen der Klausel vorhanden, auch wenn das Hindernis bei Abschluß des Frachtvertrages vorhersehbar war. So könne sich der Verfrachter z. B. auf die Klausel berufen, falls das Schiff den Hafen wegen seiner Abmessungen nicht anlaufen kann[198]. Nach *Rippert*[199] ist zur Anwendung der Klausel keine höhere Gewalt erforderlich, weil im Falle eines unvorhersehbaren Hindernisses, das eine höhere Gewalt darstellt, der Verfrachter von seiner Verpflichtung, das Schiff in den Hafen zu bringen, nach allgemeinem Recht befreit werde; anderenfalls sei die Klausel sinnlos.

Mit der gleichen Überlegung begründet *Rodière*[200] diese Ansicht: «or on doit toujours entendre une clause dans le sens qui lui donne quelque portée plutôt que dans celui qui ne lui en laisse aucune».

Daß die Ankunft des Schiffes im vereinbarten Hafen von größter Bedeutung für den Befrachter ist und daß der Befrachter in vielen Fällen den Vertrag nicht geschlossen hätte, wenn er gewußt hätte, das das Schiff den Hafen nicht erreichen kann, liegt auf der Hand. Die Auslegung[201], daß sich der Verfrachter auf die Near-Klausel nicht berufen könne, falls das Hindernis zur Zeit des Vertragsschlusses vorhersehbar war[202], scheint zutreffend zu sein. Die Klausel ist daher nicht anzuwenden, wenn der Verfrachter den Frachtvertrag schließt, obwohl sein Schiff z. B. wegen

---

[197] Govare D. M. F. 1959 S. 54; *Ripert* II Nr. 1514, S. 423; *Rodière* I Nr. 208, S. 237; vgl. auch *Warrot* D. M. F. 1960 S. 323—329 (328).

[198] *Govare* a. a. O.; die Anwendung der Klausel in diesem Fall akzeptiert auch der New Yorker Schiedsspruch vom 17. 6. 1952 (1953 A. M. C. 593): "A mollasses tanker being loaded to 27 feet and ordered to discharge at Eleusis whose approach through the Salamis canal allowed only 26 feet acted properly in anchoring at Piraeus Roads and transferring enough molasses into a lighter to enable her to enter Eleusis, and time began when she anchored and gave notice of readiness. The captain did not err in remaining in the Roads without entering the port of Piraeus"; contra Cour Rouen, 23 mars 1925, Dor Sup. 1925, 411: «. . . qu'il serait inadmissible dans la pratique qu'un armateur pût accepter un chargement pour un port quelconque sans s'assurer que ce port est accessible à son navire, se réservant à toute éventualité de l'envoyer décharger à l'endroit favorable le plus proche, lequel pourrait en certaines circonstances être fort éloigné ou nullement répondre aux besoins des affréteurs».

[199] *Ripert* II Nr. 1514, S. 423.

[200] *Rodière* I Nr. 208, S. 237.

[201] *Jantzen* Dor XXV S. 1—7.

[202] Nach Rule 9 S. 311 der „Regeln von Athen" muß das Hindernis "after the conclusion of the contract" eintreten oder bekannt werden.

seiner Abmessungen den vereinbarten Hafen nicht sicher erreichen kann; der Verfrachter ist verpflichtet, bei den Vertragsverhandlungen das nach Treu und Glauben gebotene Verhalten zu wahren.
Ferner kommt die Klausel nach französischer Auffassung nicht zur Anwendung, wenn das Hindernis vorübergehend ist[203].
Nach angloamerikanischem Recht besteht immer ein Unterschied zwischen vorübergehenden und dauernden Hindernissen[204]. Wenn das Hindernis vorübergehend ist, hat der Verfrachter auf den Fortfall zu warten. Bei einem dauernden Hindernis ist das Schiff aber nicht verpflichtet, eine "unreasonable time" zu warten. In diesem Fall ist der Verfrachter berechtigt, das Schiff nach dem "nearest safe port" zu bringen und dort die Reise zu beenden[205]. Ohne Bedeutung ist, ob das Hindernis vorhersehbar war oder nicht.
Anders wird die Klausel in Deutschland hinsichtlich des Löschhafens ausgelegt. Nach deutscher Auffassung[206] kann die Klausel nicht zur Anwendung kommen, wenn das Schiff durch Leichterung eines Teiles der Ladung ohne Gefahr zum Bestimmungshafen gelangen kann. In einem solchen Fall endet die Reise regelmäßig im Löschhafen, und die Leichterkosten fallen dem Verfrachter zur Last (§ 621 Abs. 2 HGB)[207]. Die Klausel findet auch keine Anwendung, wenn das Hindernis vorübergehend ist und das Schiff dies durch verständiges Abwarten überwinden kann (z. B. wenn der Wasserstand nur vorübergehend zu niedrig ist)[208].

---

[203] Sentence arbitrale *Ripert*, Dor, Aigard, 1 mai 1930, Dor Sup. 8, 269; sie verlangen «un retard anormal»; ebenso *Rodière* I Nr. 208, S. 237.

[204] *Scrutton* S. 115; *Carver* S. 821—827; *Summerskill* S. 118—125; *Maclachlan* S. 302; *Poor* S. 93—94.

[205] Athamas (Owners) v. Dig Vijay Cement Co. Ltd. (1963) 1 Lloyd's Rep. 287 (298), C. A.: "In order to establish that they were entitled to discharge the Pnom-Penh cargo at Saigon, the owners have to show that four conditions were fulfilled, namely: (I) the vessel was prevented from going to Pnom-Penh; (II) the prevention was sufficiently permanent, and not merely temporary; (III) there was no port or place, nearer than Saigon, to which the vessel could safely go and lie afloat and discharge the remaining cargo; (IV) Saigon was for the purposes of this charter-party in the vicinity of Pnom-Penh or within a reasonable range of proximity to it."

[206] HansOLG 7. 7. 1904 HGZ 1905 S. 109—113; LG Hamburg 5. 3. 1925 HGZ 1927 S. 253—256; *Schaps-Abraham* Anm. 3 zu § 560, S. 322 und Anm. 5 zu § 592, S. 392—393; *Pappenheim* III S. 399—400; *Boyens* S. 187 Note 1; *Sieveking* S. 282—283; *Capelle* S. 303—306; *Peters* S. 91; *Wüstendörfer* S. 259.

[207] *Capelle* S. 305; *Sieveking* S. 282; *Peters* S. 91. Dagegen wird nach französischer Auffassung der Empfänger mit den Kosten einer teilweisen Leichterung belastet; *Ripert* II Nr. 1514, S. 423; unklar und widersprüchlich die englische Rechtsprechung; *Carver* S. 825—827.

[208] HansOLG 29. 10. 1919 HGZ 1920 S. 66—67; *Pappenheim* III S. 153; *Capelle* S. 172; *Peters* S. 91.

Können weder das Abwarten einer "reasonable time" noch die teilweise Leichterung nützen, so liegen die Voraussetzungen der Klausel "so near as" vor.

Es fragt sich nun, worin eine "unreasonable time" zu sehen ist. Dies hängt ganz von den Umständen des Einzelfalles, insbesondere der Art des Schiffes und des Hafens, der Länge der Reise und der Jahreszeit ab[209].

Endlich ist noch die Frage zu klären, was "the nearest safe port" bedeutet, wenn mehrere Häfen vorhanden sind. Nach einer Ansicht[210] erfüllt der Verfrachter seine Verpflichtung, wenn das Schiff den geographisch nächstgelegenen Hafen erreicht hat; er hat bei der Auswahl nicht das Interesse des Befrachters bzw. Empfängers zu berücksichtigen, weil die Klausel zugunsten des Verfrachters gilt. Nach der englischen Rechtsprechung[211] muß der Verfrachter dagegen einen auch für den Empfänger "convenient" Hafen wählen. Bei der Wahl des nächstgelegenen Hafens wird der Verfrachter m. E. nur nach den Grundsätzen von Treu und Glauben beschränkt.

---

[209] Athamas (Owners) v. Dig Vijay Cement Co. Ltd. (1963) 1 Lloyd's Rep. 287; *Scrutton* S. 115; *Summerskill* S. 119; *Aisenstein* S. 195; s. auch die bei *Carver* S. 821—822 angeführte alte englische Rechtsprechung, die ein Eishindernis, das etwa 4 Monate dauerte, für vorübergehend hielt!

[210] *Aisenstein* S. 196.

[211] Associated Lead Manufacturers v. Ellerman & Bucknall S. S. Co. (1956) 2 Lloyd's Rep. 167 (174): "Precisely what area would be covered by the description 'neighbouring' must depend, it seems to me, in every case on the nature of the enterprise and the particular cirumstances of the case"; s. auch *Scrutton* S. 116 (r).

Dritter Teil

DAUER DER LADE- UND LÖSCHZEIT

Ist die Dauer der Ladezeit durch Vertrag nicht festgesetzt, so wird sie durch die örtlichen Verordnungen des Abladungshafens und in Ermangelung solcher durch den daselbst bestehenden Ortsgebrauch bestimmt. Besteht auch ein solcher Ortsgebrauch nicht, so gilt als Ladezeit eine den Umständen des Falles angemessene Frist (§ 568 Abs. 1 HGB)[1].
Nach angloamerikanischem Recht gilt in Ermangelung vertragsmäßiger Festsetzung eine "reasonable time under the circumstances" als Ladezeit[2].
In Frankreich wird die Ladezeit mangels vertraglicher Abmachung durch den Ortsgebrauch festgesetzt[3].
Ähnlich ist die Aussage des Art. 117 Abs. 2 K. I. N. D., wonach sich die Dauer der Ladezeit in Ermangelung einer Vereinbarung mit Rücksicht auf die Verhältnisse und Ortsgebräuche des Ladehafens bestimmt.

A. Festsetzung durch Vertrag

Die Dauer der Ladezeit wird fast immer im Vertrag unter Berücksichtigung der Menge der Ladung, der Art des Schiffes und der Güter wie auch der Verhältnisse des Ladehafens bestimmt. In den Charterpartien wird die Dauer der Ladezeit auf unterschiedliche Art und Weise festgelegt.

I. Vereinbarung einer bestimmten Ladezeit

In manchen Chartern wird eine bestimmte Zahl von Tagen[4] oder Stunden vorgesehen[5] (fixed lay-time). Eine Vereinbarung einer fixen[6] Lade-

[1] Für die Löschzeit gilt Entsprechendes, § 595 Abs. 1 HGB.
[2] *Carver* S. 1033; *Scrutton* S. 319; *Summerskill* S. 79.
[3] *Rodière* I Nr. 227, S. 255; *Ripert* II Nr. 1533, S. 442.
[4] So heißt es z. B. in Contwood 6: "The cargo shall be loaded and discharged in not more than ... total working days during the ordinary working hours of the port ..."
[5] Natürlich kann in der Charter ein bestimmter Tag, an dem die Ladezeit enden soll, vereinbart werden, doch kommt dies nicht vor, weil der Beginn der Lade-

zeit liegt auch vor, wenn die Charterpartie auf die örtlichen Verordnungen oder den Ortsgebrauch verweist und dort bestimmte Zeiten festgelegt sind[7].

Die Mehrzahl der Chartern bestimmt eine Laderate, die an jedem Tag abzuladen ist. Dies geschieht durch die Klausel "at the rate of ... tons per day"[8]. Auch in diesem Fall handelt es sich um eine vertragliche Bestimmung der Dauer der Ladezeit. Aus der vereinbarten Laderate läßt sich die Dauer der Ladezeit berechnen, wenn auch die Gütermenge festgesetzt ist[9].

Dagegen gilt nach *Schaps-Abraham* Anm. 1 zu § 568, S. 356: „Keine Festsetzung durch Vertrag liegt dann vor, wenn nur das an jedem Ladetage zu ladende Quantum angegeben ist, denn im Zweifel handelt es sich um Mindestquoten, wobei die Verpflichtung zur Einhaltung eines Mindestquantums im Zweifel nicht ausschließt, daß eine geringere Lieferung an einem Tage durch eine größere an anderen Tagen ausgeglichen werden kann."

Diese Formulierung sagt aber nicht, warum die Ladezeit durch die Mindestquoten nicht bestimmt sein soll, wenn die Gütermenge bekannt ist, und der Befrachter nicht verpflichtet ist, die vereinbarten Mindestquoten zu überschreiten. Denn aus Gütermenge und täglicher Mindestrate läßt sich die Ladezeit ohne weiteres errechnen[10].

Ist die Klausel "at the rate of ... tons per day per workable hatch" vereinbart, so ist es streitig, nach welcher Methode die Dauer der Ladezeit berechnet werden muß. Für den Befrachter ist es günstiger, wenn die Dauer der Ladezeit nach dem Divisionsprinzip errechnet wird. Dabei wird die Ladekapazität der größten Luke durch die Zahl der Tonnen, die für jede einzelne Luke vorgesehen ist, geteilt (Größte-Luke-Prinzip, largest-hold method). Dagegen ist das sogenannte Multiplikationsprinzip (multiplication method) für den Verfrachter günstiger. Hierbei wird die Gesamtladungsmenge durch das Produkt aus der pro Luke vorgesehenen

---

zeit nicht im voraus übersehen werden kann. Aus diesem Grunde ist § 576 HGB, der die Berechnung der Ladezeit bei festem Abladetermin behandelt, ohne praktische Bedeutung. Das gleiche gilt für Art. 122 K. I. N. D.

[6] Über die Bedeutung einer fixen Ladezeit im angloamerikanischen Recht siehe unten S. 76.

[7] *Schaps-Abraham* Anm. 1 zu § 568, S. 356; *Prüssmann* § 568 B, S. 453; a. A. *Pappenheim* III S. 172 Note 4.

[8] Vgl. Centrocon 13; C(ore) 7, 5; Baltcon 15; Medcon 10; C(ore) 8, 5.

[9] Vgl. *Capelle* S. 214; *Schlegelberger-Liesecke* Anm. 2 zu § 568, S. 240; *Warneken* S. 95; *Prüssmann* § 568 B, S. 453; *Papamichalopoulos* S. 20; *Rodière* I Nr. 227, S. 255.

[10] Ist die abzuladende Gütermenge z. B. 4600 Tonnen und die tägliche Laderate 800 Tonnen, so ergibt sich eine erlaubte Ladezeit von 5 Tagen und 18 Stunden.

Laderate und der Anzahl der Luken geteilt. Die deutsche und ausländische Rechtsprechung hat ganz überwiegend zugunsten des Charterers entschieden[11]. Die Frage ist von größter praktischer Bedeutung, weil bei Anwendung des Größte-Luke-Prinzips ein wesentlich anderes Resultat erzielt wird, als wenn das Multiplikationsprinzip angewendet wird[12].
Da die Klausel zweideutig ist, ist es notwendig, entweder die Berechnungsmethode festzusetzen oder die Klausel zu vermeiden, da andernfalls immer Streitigkeiten bezüglich der Dauer der Ladezeit entstehen werden. Wie erwähnt, hat die neue deutsche und ausländische Rechtsprechung die Klausel zugunsten des Befrachters ausgelegt. Deshalb empfiehlt es sich für die Reeder, die einer solchen Berechnung der Dauer der Ladezeit entgehen wollen, bei der Festsetzung der Dauer der Ladezeit statt des unklaren Begriffs "workable hatch" die eindeutige Klausel "at the rate of ... tons per day" zu vereinbaren[13].

II. Die Klausel "as fast as" (Fac-Klausel)

Im Frachtvertrag wird manchmal vereinbart, daß die Beladung so schnell erfolgen solle, wie das Schiff Ladung einnehmen kann. In diesem Fall enthält die Charter die sogenannte "as fast as"-Klausel (Fac-Klausel)[14].

---

[11] Hamburger Schiedsspruch vom 10. 9. 1954 Hansa 1954 S. 1755—1757; Hamburger Schiedsspruch vom 12. 7. 1955 Hansa 1955 S. 1568—1571; Sentence arbitrale, 25 novembre 1966, D. M. F. 1967, 631; Compania de Navigacion Zita S. A. v. Dreyfus (1953) 2 Lloyd's Rep. 472 = Hansa 1953 S. 2033; anders Trib. com. La Seine, 28 octobre 1964, D. M. F. 1965, 104. Vgl. auch Lebuhn Hansa 1954 S. 1755, Hansa 1955 S. 1568; *Tiberg* S. 342; *Summerskill* S. 44—46; *Smeesters-Winkelmolen* II Nr. 489, S. 32—33; *Scrutton* S. 313; vgl. weiter Kritik von *Pflüger* zum Hamburger Schiedsspruch vom 12. 7. 1955 Hansa 1955 S. 1571—1572.

[12] Vgl. Hamburger Schiedsspruch vom 10. 9. 1954 Hansa 1954 S. 1755—1757; in diesem Fall enthielt die Charter folgende Klausel: "Cargo to be ... loaded ... at the rate of 250 metric tons per workable hatch." Das Schiff war mit vier Luken ausgerüstet, und die abzuladende Gütermenge war 3100,035 t Zement. Bei der Beladung wurden durch die Luke 1 460,1 t, durch die Luke 2 1211,9 t, durch die Luke 3 983,1 t und durch die Luke 4 459,9 t verladen. Bei Anwendung des Größte-Luke-Prinzips ist die Zahl 1211,9 t (größter Ladungsteil, der durch die Luke 2 verladen wurde) durch 250 t zu teilen; daraus ergibt sich eine Ladezeit von 4 Tagen, 20 Stunden und 20 Minuten. Bei Anwendung des Multiplikationsprinzips ist die Zahl 3100,035 (Gesamtgewicht) durch 1000 (250 × 4) zu teilen; daraus ergibt sich eine Ladezeit von 3 Tagen, 2 Stunden und 24 Minuten.

[13] Das Hamburger Schiedsgericht 12. 7. 1955 Hansa 1955 S. 1568—1571 (1571) hat einen speziellen Appell an die Reeder gerichtet, für eine Klarstellung der workable hatch-Klausel zu sorgen. Vgl. auch *Lebuhn* Hansa 1954 S. 1755.

[14] Für den Ladehafen lautet sie "as fast as the ship can receive" und für den Löschhafen "as fast as the ship can deliver"; vgl. Scanfin 5 und Baltwood 6

Umstritten ist, ob im Falle der Fac-Klausel eine vertragliche Bestimmung der Dauer der Ladezeit vorliegt.
Schaps-Abraham[15] vertreten die Ansicht: „Eine vertragsmäßige Festlegung liegt auch dann nicht vor, wenn nur über die Schnelligkeit der Beladung Bestimmungen getroffen sind."
Dagegen meint *Capelle*[16], daß es sich hier um eine vertragliche Bestimmung der Ladezeit handele, wobei die Einnahmefähigkeit des Schiffes maßgebend für die Dauer der Ladezeit sein soll.
Will man wie *Schaps-Abraham* annehmen, daß bei der Fac-Klausel keine vertragliche Festsetzung der Ladezeit vorliegt, so müßten die örtlichen Verordnungen und in Ermangelung solcher der Ortsgebrauch für die Dauer der Ladezeit maßgeblich sein[17]. Wie unten aber erwähnt, sind im Falle der Fac-Klausel die Ortsgebräuche ausgeschlossen, auch wenn der Zusatz "as customary" vereinbart ist. Auch *Schaps-Abraham*[18] nehmen an, daß eine Vereinbarung bezüglich des Beladungstempos den örtlichen Verordnungen und Ortsgebräuchen vorgeht[19].
Es ist klar, daß bei dieser Klausel keine fixe Ladezeit vorliegt. Es liegt aber m. E. eine vertragliche Vereinbarung vor, nach der die Dauer der Ladezeit nachträglich festzusetzen ist; alle anderen Festsetzungsarten der Dauer der Ladezeit sind also ausgeschlossen. Bei der "as fast as"-Klausel hat der Befrachter das Einnahmetempo des Schiffes einzuhalten[20]. Geht die Beladung langsamer als das Schiff übernehmen kann, so kann der Verfrachter Liegegeld verlangen. Es wird jedoch angenommen, daß der Befrachter nicht verpflichtet ist, sich nach einem ganz unlogischen Lade-

---

für den Ladehafen und Scanfin 13, Baltwood 15 und Spanfrucon 9 für den Löschhafen.

[15] *Schaps-Abraham* Anm. 1 zu § 568, S. 356.

[16] *Capelle* S. 214—215.

[17] Vgl. § 568 Abs. 1 HGB.

[18] *Schaps-Abraham* Anm. 1 zu § 568, S. 357.

[19] Obwohl *Schaps-Abraham* an der angeführten Stelle der Fac-Klausel den Vorzug vor den in zweiter und dritter Linie geltenden örtlichen Verordnungen und Ortsgebräuchen gibt, sagt er an anderer Stelle (Anm. 6 zu § 568, S. 358), daß die Fac-Klausel bei der Bestimmung einer angemessenen Frist berücksichtigt werden soll, was nicht richtig ist und nur Verwirrung hervorrufen kann. Die Angemessenheit entscheidet in letzter Linie. Die Klausel wäre dann im wesentlichen wirkungslos.

[20] Vgl. *Rodière* I Nr. 229, S. 257; *Aisenstein* S. 126; *Smeesters-Winkelmolen* II Nr. 500, S. 46—48; *Papamichalopoulos* S. 72; a. A. *Capelle* S. 214 und *Schlegelberger-Liesecke* Anm. 3 zu § 568, S. 240, die meinen, daß die Dauer der Ladezeit hier nach der Einnahmefähigkeit des Schiffes (Arbeitskräfte des Schiffes, Anzahl seiner Luken, Beschaffenheit des Ladegeschirrs usw.) bestimmt werden muß.

tempo zu richten[21]. Nachtarbeit ist dabei trotz der Vereinbarung der Klausel "as fast as" ausgeschlossen[22]. Der Befrachter braucht ferner, falls die Charter eine "maximum rate" ("as fast as the ship can receive, but at not more than ... tons per day") vorschreibt, das vereinbarte "maximum" nicht zu überschreiten[23].

Beweispflichtig für jede durch den Befrachter verursachte Verzögerung der Beladung ist der Verfrachter[24]; er muß bei einem Liegegeldanspruch beweisen, daß der Befrachter das Einnahmetempo des Schiffes nicht eingehalten hat.

Nimmt das Schiff die Güter zu langsam ein, so darf der Befrachter keinen Protest erheben, weil die Fac-Klausel zugunsten des Verfrachters gilt[25]. Anders ist es, wenn eine "minimum rate" ("as fast as the ship can receive, but at not less than ... tons per day") vereinbart ist und der Schiffer das vereinbarte "minimum" nicht einhält[26].

Schwierigkeiten mit der Auslegung der Fac-Klausel entstehen, wenn die Charter vorschreibt, daß die Beladung geschehen solle "as fast as" und weiter "as customary", "according to the custom of the port" oder "with customary steamship despatch". Es fragt sich dann, ob das Einnahmetempo des Schiffes oder der Ortsgebrauch für die Dauer der Ladezeit maßgebend sein soll. Die Frage ist von großer praktischer Bedeutung, weil die Ortsgebräuche nur geringere tägliche Lademengen vorsehen, als das Schiff übernehmen kann, und folglich viel ungünstiger für den Verfrachter sind.

Die französische Rechtsprechung hat die Klausel zugunsten des Befrachters ausgelegt[27]. Dagegen hat die belgische und deutsche Rechtsprechung[28]

---

[21] *Ripert* II Nr. 1541, S. 451—452; *Rodière* I Nr. 229, S. 257; *Smeesters-Winkelmolen* II Nr. 500, S. 46—48; nach englischem Recht hat der Charterer "to load and discharge at a reasonable speed"; vgl. *Summerskill* S. 79—80.

[22] *Schlegelberger-Liesecke* Anm. 3 zu § 568, S. 240; *Mittag* S. 35; *Warneken* S. 49; *Papamichalopoulos* S. 72 und die dort angeführte Rechtsprechung.

[23] Vgl. *Rodière* I Nr. 229, S. 257.

[24] *Capelle* S. 215; *Schlegelberger-Liesecke* Anm. 3 zu § 568, S. 240; *Prüssmann* § 568 B, S. 454; *Rodière* I Nr. 229, S. 257; *Papamichalopoulos* S. 72; nach belgischer Rechtsprechung muß der Kapitän gegen die langsame Beladung protestieren, falls der Befrachter nicht so schnell anliefert wie das Schiff einnehmen kann; Trib. com. Bruxelles, 27 novembre 1931, Dor 26, 192; Trib. com. Gand, 30 mars 1932, Dor 26, 193; *Smeesters-Winkelmolen* II Nr. 500, S. 46—48.

[25] Trib. com. Sète, 2 juin 1932, Dor Sup. 10, 323; *Capelle* S. 216; *Prüssmann* § 568 B, S. 454; *Ripert* II Nr. 1541, S. 452; *Aisenstein* S. 126—127; *Rodière* I Nr. 229, S. 258.

[26] Vgl. *Rodière* a. a. O.

[27] Trib. com. Rouen, 9 février 1923, Dor Sup. 1923, 282; Trib. com. Sète, 2 juin 1932, Dor Sup. 10, 323; Trib. com. Rouen, 2 février 1932, Dor Sup. 10, 114; Trib. com. Calais, 12 février 1929, Dor Sup. 7, 363.

in Übereinstimmung mit der herrschenden Literaturmeinung[29] entschieden, daß sich die Worte "as customary" lediglich auf die Art und Weise der Beladung beziehen, und sich deshalb der Befrachter trotz des Zusatzes "as customary" nach den Verhältnissen des Schiffes zu richten hat[30].
Diese Auslegung ist mit dem Zweck der Fac-Klausel vereinbar, die zur schnellen Durchführung des Ladens und Löschens vereinbart wird.

III. Festsetzung einer Gesamtzeit. Die Reversible-Klausel

Regelmäßig wird die Dauer der Ladezeit mit Rücksicht auf die besonderen Verhältnisse eines jeden Hafens unabhängig von der Dauer der Löschzeit besonders bestimmt. Ferner wird die Dauer der Lade- oder Löschzeit grundsätzlich für jeden einzelnen Hafen getrennt festgesetzt, falls mehrere Lade- bzw. Löschhäfen in der Charter vorgesehen sind.
Bei getrennter Festsetzung von Lade- und Löschzeit gilt für den Ladebzw. Löschhafen die für ihn vereinbarte Frist, und die Berechnung von Lade- und Löschzeit hat getrennt zu erfolgen. Eine getrennte Berechnung hat auch zu erfolgen, wenn bei mehreren Lade- oder Löschhäfen getrennte Lade- bzw. Löschfristen vereinbart sind. Es wird allgemein anerkannt, daß die Lade- und Löschfristen mangels gegenteiliger Vereinbarung nicht "reversible" sind[31].
Bisweilen aber wird eine gemeinsame Frist für Laden und Löschen vereinbart[32]. Dies ist oft dann der Fall, wenn der Befrachter mit dem

[28] C. A. Bruxelles, 15 février 1936, Dor 36, 156; Trib. com. Bruxelles, 27 novembre 1931, Dor 26, 192; Trib. com. Gand, 30 mars 1932, Dor 26, 193; OLG Königsberg 31. 1. 1933 Hansa 1933 S. 1572—1573; vgl. auch holländischer Schiedsspruch Hansa 1927 S. 1271, 1541; Trib. com. Amsterdam, 17 janvier 1927, Dor 16, 434.

[29] *Capelle* S. 215; *Ripert* II Nr. 1541, S. 452; *Aisenstein* S. 131; *Rodière* I Nr. 229, S. 258; *Carver* S. 1023.

[30] Die „Regeln von Athen" (Rule 8 S. 315) bestimmen ausdrücklich: "Any reference to customs of the port, may concern the handling of the cargo but does not effect the principle that the speed is governed by the ship."

[31] *Schaps-Abraham* Anm. 2 zu § 568, S. 357; *Schlegelberger-Liesecke* Anm. 4 zu § 568, S. 240; *Prüssmann* § 568 B, S. 454; *Capelle* S. 216; *Warneken* S. 46; *Pappenheim* III S. 171; *Ripert* II Nr. 1535, S. 444; *Smeesters-Winkelmolen* II Nr. 498, S. 44; *Scrutton* S. 309; *Summerskill* S. 91; *Papamichalopoulos* S. 16; ausdrücklich bestimmt Art. 9 des französischen Dekrets 66-1078 vom 31. Dezember 1966, daß die Fristen nicht "reversible" sind; ebenso die „Regeln von Athen" (Rule 5 S. 314): "lay time is not reversible".

[32] Z. B. "8 days together for loading and discharging" oder wie es in Coastcon 4 heißt: "the Vessel shall be loaded and discharged in ... running hours". Bei solchen Klauseln wird die zum Beladen gebrauchte Zeit zur Unterrichtung des Empfängers auf dem Konnossement vermerkt.

Empfänger identisch ist. Wie der Befrachter in diesem Fall die vereinbarte Frist ausnutzt, ist seine Sache. Das Schiff „kommt auf Liegegeld“, wenn die Gesamtfrist abgelaufen ist.

Ferner wird in manchen Chartern die sogenannte Reversible-Klausel vorgesehen. In diesem Fall sieht die Charter gesonderte Fristen für Lade- und Löschhafen vor, aber mit dem Zusatz, daß sie "reversible" sind. So heißt es z. B.:

"Loading and discharging time shall be reversible"[33]

oder

"Charterers to have the right to average the days allowed for loading and discharging"[34].

Enthält die Charter die Reversible-Klausel, so fragt es sich, auf welche Art die vereinbarten Zeiten berechnet werden sollen. Hierüber besteht in Rechtsprechung und Literatur keine Einstimmigkeit. Es werden allgemein drei Berechnungsarten angewandt[35]:

a) Die Vereinbarung einer "reversible time" wird mit der Vereinbarung einer Gesamtzeit gleichgesetzt.

b) Die beim Laden zuviel verbrauchten Tage werden von der Löschzeit abgezogen, und die beim Laden ersparten Tage werden zur Löschzeit hinzugesetzt.

c) Für jeden Hafen gelten die für ihn vereinbarten Zeiten, und es sind getrennte Zeitberechnungen vorzunehmen. Ist beim Laden zuviel Zeit verbraucht und beim Löschen Zeit erspart worden, so können die beim Laden zuviel verbrauchten Tage mit den beim Löschen ersparten Tagen aufgerechnet werden. Umgekehrt kann die beim Laden ersparte Zeit mit der beim Löschen zuviel verbrauchten Zeit aufgerechnet werden.

Die Ergebnisse sind bei jeder Berechnungsart verschieden, weil die Ladezeit anders als die Überliegezeit berechnet wird. Bei der Berechnung der Ladezeit zählen in der Regel sowohl Sonn- und Feiertage als auch die Störungszeiten nicht mit, während die Überliegezeit ununterbrochen läuft[36]. Wir setzen z. B. den Fall, daß vier Tage für Laden und vier Tage für Löschen mit dem Zusatz "reversible" vereinbart sind. Das Laden ist am vierten Tag nicht beendet, und am fünften Tag tritt eine Störung (z. B. Streik, schlechtes Wetter usw.) auf, die zwei Tage andauert. Nach Wegfall des Hindernisses werden die Ladearbeiten wieder aufgenommen

---

[33] Reardon Smith Line Ltd. v. Ministry of Agriculture, Fisheries & Food (1959) 2 Lloyd's Rep. 229.

[34] Alma Shipping Co. S. A. v. V. M. Salgaoncar E. Irmaos Ltda. (1954) 1 Lloyd's Rep. 220; vgl. Phoscon 7; C(ore) 7, 9.

[35] Vgl. *Tiberg* S. 344—350.

[36] Siehe dazu unten S. 63—98.

und am siebenten Tag beendet. Im Löschhafen wird am ersten Löschtag gearbeitet. Der zweite Tag ist ein Sonntag und der dritte ein Feiertag. Das Löschen wird nach den Feiertagen wieder aufgenommen und ist am vierten Tag beendet. Aus unserem Beispiel ergeben sich folgende Ergebnisse:

a) Bei Anwendung der ersten Berechnungsart entsteht eine Liegegeldpflicht des Befrachters nicht, sondern es wird ein Tag erspart. Die Berechnung erfolgt genauso, wie wenn eine Gesamtzeit von acht Tagen vereinbart worden wäre[37].

b) Bei der zweiten Berechnungsart „kommt" das Schiff im Ladehafen am fünften Tag „auf Liegegeld", und da die Störungszeiten in die Überliegezeit eingerechnet werden, ergibt sich eine Überliegezeit von drei Tagen. Das Schiff kommt also im Löschhafen mit drei Tagen Liegegeldverpflichtung an. Nach Abzug der drei Überliegetage von der erlaubten Löschzeit verbleibt als Löschzeit ein Tag. Das Schiff „kommt" somit im Löschhafen am zweiten Tag „auf Liegegeld", so daß der Befrachter für drei Tage liegegeldpflichtig geworden ist.

c) Bei getrennten Zeitberechnungen ergibt sich im Ladehafen eine Überliegezeit von drei Tagen, während im Löschhafen zwei Tage erspart werden. Das Ergebnis ist also, daß für einen Tag Liegegeld zu zahlen ist[38].

Die englische Rechtsprechung hat überwiegend die erste Berechnungsart angewandt[39]. In Deutschland wird angenommen, daß die Vereinbarungen von "reversible time" und einer Gesamtzeit nicht gleichbedeutend

---

[37] So:

	erlaubte Zeit	verbrauchte Zeit	Ergebnis
für Laden	4	5	
für Löschen	4	2	
Gesamtzeit	8	7	1 ersparter Tag

[38] So:

Überliegezeit im Ladehafen	3 Tage
ersparte Zeit im Löschhafen	2 Tage
Ergebnis	1 Tag Liegegeld

[39] Reardon Smith Line Ltd. v. Ministry of Agriculture (1959) 2 Lloyd's Rep. 229 (266); vgl. weiter *Summerskill* S. 96—104; *Scrutton* S. 310; *Tiberg* S. 346; im Falle Love & Stewart Ltd. v. Rowtor S. S. Co. Ltd. (1916) 2 A. C. 527 hat das House of Lords jedoch die zweite Berechnungsart angewandt; ferner wurde im Fall Alma Shipping Co. S. A. v. V. M. Salgaoncar E. Irmaos Ltda. (1954)

sind[40]. Es herrscht aber Unklarheit in der deutschen Literatur[41], ob die zweite oder die dritte Berechnungsart anzuwenden ist. Dagegen gilt in Belgien, Frankreich und Griechenland die Vereinbarung von "reversible time" als Gesamtzeit[42]. Es wird jedoch angenommen, daß eine Zusammenzählung voraussetzt, daß beide Arbeiten durchgeführt worden sind. Sind die Löscharbeiten wegen Untergangs des Schiffes während der Reise endgültig unmöglich geworden, so kann der Befrachter Liegegeld nicht mit der Behauptung verweigern, daß er die beim Laden entstandene Überliegezeit bei der Entlöschung aufgeholt haben würde[43]. Haben z. B. die Kontrahenten vier Tage für Laden und vier für Löschen mit dem Zusatz "reversible" vereinbart und verbraucht der Charterer im Ladehafen sechs Tage, so bleibt er für zwei Tage liegegeldpflichtig, falls das Schiff während der Reise sinkt. Es wird ferner angenommen, die Zusammenzählung setze voraus, daß die Zeiteinheiten gleich sind[44]. Ist z. B. die Ladezeit in "working days" und die Löschzeit in "running days" vereinbart, so sind getrennte Zeitberechnungen vorzunehmen.

Es wurde oben dargelegt, daß über die Reversible-Klausel gewisse Unklarheit in der deutschen und ausländischen Rechtsprechung und Literatur herrscht. Wollen Verfrachter und Befrachter Verträge abschließen, deren Inhalt eindeutig ist, so müssen sie durch Zusätze klarstellen, wie die Berechnung zu erfolgen hat. Ist nur "reversible time" oder "average time" vereinbart, so ist m. E. die dritte Berechnungsweise anzuwenden. Bei der Auslegung der Klausel ist nämlich zu berücksichtigen, daß es die

---

1 Lloyd's Rep. 220 die beim Laden entstandene Überliegezeit mit der beim Löschen ersparten Zeit aufgerechnet; in diesem Fall enthielt die Charter folgende Klausel: "Charterers to have the right to average the days allowed for loading and discharging."

[40] Schiedsspruch 13. 12. 1929 HRGZ 1930 B Sp. 116—117; Hansa 1938 S. 1732; *Capelle* S. 218; *Wüstendörfer* S. 261; *Warneken* S. 45; a. A. *Pappenheim* III S. 172 Note 2; *Prüssmann* § 568 B, S. 454, sieht einen Unterschied zwischen den beiden Vereinbarungen nur, wenn nach nicht vollständigem Abladen oder Löschen auf das Ende der Lade- oder Löschzeit ein Feiertag folgt, der als Überliegetag zählt.

[41] *Capelle, Wüstendörfer, Prüssmann* a. a. O.; *Warneken* S. 45 scheint für die zweite Berechnungsart zu sein; in Hansa 1938 S. 1732 wird die Ansicht vertreten, daß die für Laden und Löschen erlaubten Zeiten getrennt berechnet werden müssen und daß, wenn im einen Fall zuviel Zeit verbraucht worden ist, mit einer entsprechenden ersparten Zeit im anderen Fall aufgerechnet werden kann.

[42] *Smeesters-Winkelmolen* II Nr. 499, S. 45—46; *Lyon-Caen-Renault* Bd. V Nr. 792; *Papamichalopoulos* S. 16—17.

[43] *Smeesters-Winkelmolen* II Nr. 499, S. 45 und die dort angeführte Rechtsprechung; *Papamichalopoulos* S. 17—18.

[44] *Smeesters-Winkelmolen* a. a. O.; *Papamichalopoulos* a. a. O.

Befrachter sind, die die Aufnahme der Reversible-Klausel verlangen und durchsetzen, so daß die in ihr enthaltene Unklarheit zu ihren Lasten ausgelegt werden kann. In diesem Sinne sind also die Klauseln auszulegen, die die Frage nicht ausdrücklich anders regeln. Sind Befrachter und Empfänger personengleich und sind sie an einer Zusammenzählung von Lade- und Löschzeit interessiert, so können sie eine Gesamtfrist für Laden und Löschen vereinbaren.

B. Andere Festsetzungsarten der Dauer der Lade- und Löschzeit

Wie erwähnt, wird die Dauer der Ladezeit fast immer im Frachtvertrag vereinbart[45]. Um ein langes Liegen des Schiffes im Hafen zu vermeiden, vereinbaren die Reeder stets eine Ladezeit in den Charterpartien[46]. Ist aber ausnahmsweise keine Ladezeit im Vertrag festgesetzt, so wird sie durch örtliche Verordnungen oder Ortsgebrauch oder durch richterliche Entscheidung nach den Umständen des Falles bestimmt.

I. Festsetzung durch örtliche Verordnungen

Eine Bestimmung durch örtliche Verordnungen des Hafens wird ausdrücklich in § 568 Abs. 1 HGB vorgesehen. Unter örtlicher Verordnung sind sowohl Gesetze als auch Verwaltungsverordnungen zu verstehen[47]. Nach französischer Rechtsprechung ist die von den Verwaltungsbehörden vorgenommene Bestimmung der Ladezeit nur mangels entgegenstehenden Ortsgebrauchs maßgebend, weil der Ortsgebrauch einer hafenpolizeilichen Entscheidung vorgeht[48].

II. Festsetzung durch Ortsgebrauch

Nach § 568 Abs. 1 HGB soll der Ortsgebrauch in dritter Linie maßgebend sein. Unter Ortsgebrauch ist sowohl örtliches Gewohnheitsrecht

---

[45] Ist in der Charter eine Voranzeige (ETA-Meldung) vorgesehen, so wird gewöhnlich eine zusätzliche Ladezeit (extra loading time) für den Fall vereinbart, daß der Schiffer die vereinbarte Voranzeige verspätet aufgibt oder unterläßt oder daß das Schiff den mitgeteilten Ladetermin nicht einhält; so z. B. Cemenco 5, Medcon 4.

[46] Aus diesem Grunde kommen die anderen Festsetzungsarten sehr selten in Betracht und sind daher nur von geringer praktischer Bedeutung.

[47] *Schaps-Abraham* Anm. 4 zu § 568, S. 358; *Warneken* S. 48. In den Häfen der Bundesrepublik gibt es keine solche Verordnungen; *Schaps-Abraham* a. a. O.

[48] *Ripert* II Nr. 1533, S. 442 und die dort angeführte Rechtsprechung.

wie auch Verkehrssitte zu verstehen[49]. Auch das französische und griechische Recht verweisen auf den jeweiligen Ortsgebrauch[50]. Dieser ist sehr unterschiedlich und entspricht den heutigen Bedürfnissen der Schiffahrt nicht[51]. Ist im Vertrag nur eine Ladezeit vereinbart, so muß für die Festsetzung der Löschzeit der Ortsgebrauch in Betracht kommen[52]. Für die Festsetzung der Lade- und Löschzeit ist auf den Ortsgebrauch des Lade- bzw. Löschhafens und nicht auf den des Ortes des Vertragsschlusses (loci contractus) Rücksicht zu nehmen.

III. Angemessene Frist

Ist die Ladezeit nicht im Vertrag vereinbart und bestehen weder örtliche Verordnungen noch ein Ortsgebrauch, so gilt als Ladezeit eine den Umständen des Falles angemessene Frist. In solchen Fällen ist die Ladezeit nach der Art des Schiffes, der Menge und der Art der Güter und den Hafeneinrichtungen festzusetzen[53].

---

49 *Wüstendörfer* HB S. 52; *Capelle* S. 220.

50 Siehe oben S. 49; vgl. auch Rule 2 S. 313 der „Regeln von Athen".

51 Nach altem Ortsgebrauch beträgt die Ladezeit in französischen Häfen 15 Tage für "long cours" und 3 Tage für «petit cabotage»; vgl. *Ripert* II Nr. 1533, S. 442. In deutschen Häfen bestehen gegenwärtig keine Ortsgebräuche. Vgl. über den Ortsgebrauch in belgischen Häfen *Smeesters-Winkelmolen* II Nr. 488.

52 *Papamichalopoulos* S. 24.

53 *Schlegelberger-Liesecke* Anm. 6 zu § 568, S. 240—241; *Capelle* S. 220; *Schaps-Abraham* Anm. 6 zu § 568, S. 358.

Vierter Teil

BERECHNUNG DER LADE- UND LÖSCHZEIT

Erster Abschnitt

Zeiteinheiten und ausgeschlossene Zeiträume

A. Berechnungsgrundsätze

I. Gesetzliche Bestimmungen

Nach dem deutschen Handelsgesetzbuch wird die Lade- und Löschzeit nach ganzen Tagen von Mitternacht zu Mitternacht gerechnet (Zivilkomputation)[1]. Der Tag von 24 Stunden ist also die kleinste Zeiteinheit. Dies bedeutet aber nicht, daß während der ganzen Zeit von 0 bis 24 Uhr geladen oder gelöscht werden muß. Hinsichtlich der Dauer der Arbeitszeit ist die ortsübliche normale Arbeitszeit maßgebend[2]. Sieht der Frachtvertrag Nachtarbeit vor[3], so hat dies auf die Berechnung der Lade- und Löschzeit nach Tagen keinen Einfluß; eine solche Vereinbarung besagt keinesfalls, daß Nächte, in denen geladen oder gelöscht worden ist, als besondere Liegetage gezählt werden[4].

---

[1] Vgl. §§ 573 Satz 1, 597 Satz 1, 567 Abs. 2, 594 Abs. 2 HGB; *Schaps-Abraham* Anm. 1 zu § 573, S. 364; *Capelle* S. 240; *Warneken* S. 85; *Pappenheim* III S. 177; *Schlegelberger-Liesecke* Anm. 2 zu § 573, S. 245; nach der abweichenden Ansicht von *Sieveking* S. 56—57 soll der Grundsatz der Zivilkomputation nur für den Beginn und für das Ende der Ladezeit, nicht aber bei Unterbrechungen innerhalb der Ladezeit angewandt werden; die Zivilkomputation führt bei Unterbrechungen zu unbilligen Resultaten, wenn die Hindernisse nur während eines Teils des Tages andauern, weil in diesem Fall ein voller Tag von der Ladezeit abgezogen wird. In diesem Sinne die bei *Sieveking* S. 57 angeführte Entscheidung des Hanseatischen Oberlandesgerichts.

[2] Vgl. *Boyens* S. 153; *Warneken* S. 86; *Mittag* S. 35.

[3] Ohne besondere Klausel kann Nachtarbeit weder seitens des Verfrachters noch seitens des Befrachters verlangt werden; *Schaps-Abraham* Anm. 6 zu § 568, S. 358; *Mittag* S. 35; *Warneken* S. 86.

[4] Vgl. *Mittag* a. a. O.

Eine Berechnung nach Bruchteilen von Tagen oder Stunden kennt das deutsche Recht nicht[5]. Das bedeutet im einzelnen:

a) Nutzt der Befrachter nur einen Teil des Tages, so wird der ganze Tag in die Ladezeit eingerechnet, sofern der Verfrachter ladebereit gewesen ist.

b) Fehlt die Ladebereitschaft des Schiffes nur für wenige Stunden, so kommt ein voller Tag bei der Berechnung der Ladezeit nicht in Ansatz[6].

Die Berechnung nach vollen Tagen kann sich also auf beiden Seiten zum Vorteil und zum Nachteil auswirken[7].

Der Grundsatz, daß nach vollen Tagen gerechnet wird, gilt allerdings nicht, wenn dies gegen Treu und Glauben verstoßen würde (§ 242 BGB)[8]. So kann der Verfrachter z. B. kein Liegegeld fordern, wenn die Ladearbeiten um 0.30 Uhr beendet worden sind.

Auch in England[9] und Griechenland[10] gilt der Grundsatz der Zivilkomputation, d. h. die Berechnung nach vollen Kalendertagen von Mitternacht bis Mitternacht; die Berechnung erfolgt also nicht nach astronomischen Zeitabschnitten von 24 Stunden, die im Augenblick des Ladebeginns anfangen und im gleichen Augenblick des entsprechenden Tages der Beendigung der Beladung enden würden.

Dagegen wird in Belgien nach halben Tagen gerechnet[11].

Das französische Dekret 66-1078 vom 31. Dezember 1966 (Art. 10) verweist für die Berechnung der Lade- und Löschzeit auf die Gewohnheiten des Lade- und Löschhafens und bei Fehlen solcher Gewohnheiten auf die nautischen Usancen.

---

[5] Die Vereinbarung, daß die Ladezeit von Mittag zu Mittag laufen solle, bedeutet nicht, daß sie nach halben Tagen zu berechnen ist; *Schaps-Abraham* Anm. 1 zu § 573, S. 364.

[6] Wir setzen z. B. den Fall, daß die Ladezeit 3 Tage betragen soll und daß ein Schiff an einem Montag um 7 Uhr im Ladehafen eingetroffen und die Anzeige der Ladebereitschaft um 10 Uhr desselben Tages erfolgt ist. Ist das Schiff am Dienstag zum Arbeitsbeginn ladebereit, so beginnt die Ladezeit ab Dienstag 0 Uhr zu zählen und läuft am Donnerstag um 24 Uhr ab. Ist aber das Schiff z. B. erst um 11.30 Uhr am Dienstag ladebereit, so ist der ganze Dienstag nicht in die Ladezeit einzurechnen.

[7] Vgl. *Capelle* S. 240; *Schaps-Abraham* Anm. 1 zu § 573, S. 364.

[8] Vgl. *Warneken* S. 87; *Capelle* S. 240; *Sieveking* S. 57; *Prüssmann* § 573 B, S. 462; *Schlegelberger-Liesecke* Anm. 2 zu § 573, S. 245.

[9] *Chorley-Giles* S. 138; *Scrutton* S. 310; *Carver* S. 1006; *Summerskill* S. 21; das gleiche gilt in den Vereinigten Staaten; *Poor* S. 102.

[10] Vgl. Art. 129 Abs. 1, 117 Abs. 3 K. I. N. D.; die Löschzeit beginnt nach Art. 129 Abs. 1 mit dem auf die Anzeige folgenden Tag; s. auch *Sotiropoulos* D. N. E. E. Nr. 19 S. 12—18 (16); *Papamichalopoulos* S. 38.

[11] *Smeesters-Winkelmolen* II Nr. 488, S. 21, 523 S. 84.

II. Abweichende Vereinbarungen

Das oben Gesagte gilt für die Berechnungseinheiten allerdings nur, sofern nichts anderes vereinbart ist. In den Charterpartien werden sowohl Tage als auch Bruchteile von Tagen oder Stunden vereinbart[12]. Der Beginn der Lade- und Löschzeit ist in den Charterformularen sehr unterschiedlich geregelt[13]. Die Vereinbarung von Tagen zu 24 Stunden besagt nicht, daß die Tage um Mitternacht beginnen und enden sollen, sondern daß dies mit dem in der Charter vereinbarten Zeitpunkt für den Beginn der Lade- und Löschzeit geschehen soll[14], der irgendein Augenblick jedes Kalendertages sein kann[15]. Ist im Frachtvertrag nur die Ladezeit nach Stunden vereinbart, so bedeutet dies nicht, daß die Berechnung der Löschzeit auch nach Stunden zu erfolgen hat, weil jede Frist im Zweifel nur für denjenigen Hafen gilt, für den sie vereinbart ist[16].

Bisweilen wird in der Charter Nachtarbeit vereinbart. Dies setzt immer eine ausdrückliche Vereinbarung voraus[17]; es genügt z. B. nicht, daß der Frachtvertrag die Klausel "as fast as the ship can receive or deliver" enthält[18]. Sieht die Charter vor, daß der Befrachter auch während der Nacht die Ladung anliefern kann, so stellt dies für ihn ein Recht, nicht aber eine Verpflichtung[19] zur Nachtarbeit dar[20]. Macht er aber von seinem Recht Gebrauch, so kann er keine Vergütung für die durch die Nachtarbeit entstehenden zusätzlichen Kosten verlangen[21].

---

12 Eine Berechnung nach Stunden liegt auch vor, wenn das Liegegeld nach Stunden zu berechnen ist. Das Liegegeld wird fast immer per Tag von 24 Stunden oder Bruchteilen davon festgesetzt; vgl. Trib. com. Rouen, 18 décembre 1957, D. M. F. 1958, 285.

13 Vgl. die Regelung der Gencon-Charter 3 und 4: "Time to commence at 1 p. m. if notice of readiness to load (discharge) is given before noon and at 6 a. m. next working day if notice given during office hours after noon"; ähnlich Baltcon 15, Nubaltwood 15, Contwood 15, Phoscon 7. Näheres über die unterschiedlichen Regelungen über den Beginn der Ladezeit in den Charterformularen bei *Peters* S. 74.

14 Sentence arbitrale, 7 février 1963, D. M. F. 1963, 497.

15 Die Zivilkomputation kann nur dann zur Anwendung kommen, wenn die Ladezeit nach der Charter um 0 Uhr beginnt, was aber nicht häufig ist.

16 Vgl. *Boyens* S. 139—140; *Warneken* S. 88.

17 *Smeesters-Winkelmolen* II Nr. 494, S. 40; *Papamichalopoulos* S. 37; *Ripert* II Nr. 1540, S. 450.

18 Siehe dazu oben S. 51.

19 Den Parteien steht es natürlich frei, das Gegenteil zu vereinbaren.

20 *Smeesters-Winkelmolen* II Nr. 494, S. 40—41; *Papamichalopoulos* S. 37.

21 *Smeesters-Winkelmolen* a. a. O. und die dort angeführte Rechtsprechung.

B. Ausgeschlossene Zeiträume

I. Gesetzliche Bestimmungen

Nach deutschem[22] und angloamerikanischem[23] Recht sind die Tage in ununterbrochener Reihenfolge unter Einrechnung der Sonn- und Feiertage zu zählen.

Ist die Ladezeit nach Stunden vereinbart, so ist es in Deutschland streitig, ob die Stunden in fortlaufender Reihenfolge oder als Arbeitsstunden gezählt werden. Nach *Schaps-Abraham*[24] sind, wo der Frachtvertrag eine Berechnung nach Stunden vorsieht, „die Ladestunden im Zweifel als fortlaufende Stunden zu berechnen: sie laufen also Tag und Nacht und auch während der Sonn- und Feiertage".

Falls die Parteien die Ladezeit abweichend vom Gesetz nach Stunden bestimmen, sollten die Stunden m. E. als Arbeitsstunden angesehen werden, wenn nicht ausdrücklich das Gegenteil (running hours) vereinbart ist; denn nur diejenige Zeit, während derer normalerweise gearbeitet wird, sollte in die Ladezeit eingerechnet werden. Bei der Auslegung des Frachtvertrages ist nicht von dem Grundsatz auszugehen, daß die Ladezeit ununterbrochen mit Einschluß der Sonn- und Feiertage fortläuft (§ 573 Abs. 1 HGB). Dieser Grundsatz des deutschen Handelsgesetzbuches ist veraltet. Die Charterpartien rechnen die Ladezeit fast ausnahmslos nach Arbeitstagen oder -stunden[25]. Die Charterpraxis geht ständig in diese Richtung, so daß ein besonderer Ausschluß von Sonn- und Feiertagen vereinbart wird, wo ausnahmsweise in der Charter die Ladezeit in "running hours" geregelt ist[26].

Nach französischem[27], belgischem[28] und griechischem[29] Recht werden die Sonn- und Feiertage von der Ladezeit ausgeschlossen. Auch nach den

---

[22] Vgl. §§ 573 Abs. 1, 597 Abs. 1 HGB. Die Einrechnung der Sonn- und Feiertage bedeutet aber nicht, daß der Verfrachter verpflichtet ist, an diesen Tagen die Ladung zu übernehmen; *Schaps-Abraham* Anm. 3 zu § 573, S. 365; *Mittag* S. 39; *Sieveking* S. 58; *Pappenheim* III S . 178 Note 2.

[23] *Scrutton* S. 310; *Summerskill* S. 21; *Carver* S. 1006; *Poor* S. 102.

[24] *Schaps-Abraham* Anm. 1 zu § 573, S. 364; a. A. *Warneken* S. 89; *Mittag* S. 43; *Boyens* S. 152 Note 10.

[25] Siehe dazu unten S. 64—71.

[26] So heißt es z. B. in Baltcon 5 A: "The cargo to be loaded in ... running hours (noon Saturday to 6 a. m. Monday, Pay Saturdays, Gavilling Days, Colliery and Dock Holidays, and until 6 a. m. on the day following such holidays excepted)." Ebenso Medcon 4; Coastcon 3.

[27] *Rodière* I Nr. 241, S. 267; *Lyon-Caen-Renault* Bd. V Nr. 791; *Ripert* II Nr. 1538, S. 448 unter ausführlicher Darstellung der französischen Rechtsprechung; wie *Ripert* a. a. O. hervorhebt: «Il faut pourtant réserver le cas où d'après les usages de port de déchargement un travail partiel est fait les jours

„Regeln von Athen“ sind Sonn- und Feiertage von der Ladezeit ausgenommen[30].

II. Die wichtigsten Klauseln

Wie bereits erwähnt, wird in den Charterpartien der Ausschluß der Sonn- und Feiertage von der Lade- und Löschzeit vereinbart. Dies geschieht auf unterschiedliche Art und Weise.

1. Die Klausel "Sundays and holidays excepted"

Enthält die Charter die Klausel "Sundays and holidays excepted"[31], so fragt es sich zunächst, was unter "holidays" zu verstehen ist. Es wird allgemein angenommen, daß die Feiertage des Lade- und Löschhafens "port's holidays" und nicht die "ship's holidays" gemeint sind, weil der Ausschluß zugunsten des Befrachters bzw. des Empfängers vereinbart wird[32]. Trotzdem entstehen Schwierigkeiten bei der Berechnung der Lade- und Löschzeit bezüglich der Tage, die bei der Zeitzählung ausgenommen werden sollen. Es erhebt sich hier die Frage: Sind nur die gesetzlichen Feiertage auszuschließen oder auch die gewohnheitlichen? Sind Feiertage im Sinne der vorerwähnten Klausel nur die allgemeinen nationalen Feiertage oder auch die provinziellen und lokalen?

Ein Feiertag braucht nicht gesetzlich festgelegt zu sein; es genügt, wenn er nach Ortsgebrauch oder nach allgemein anerkannter Tradition als

---

fériés et ces jours comptent alors pour moitié.» Die Behauptung von *Schaps-Abraham* (Anm. 3 zu § 573, S. 365), daß das Handelsgericht Rouen in einem Urteil vom 18. 12. 1957 (D. M. F. 1958, 285) den Sonntag in die Ladezeit eingerechnet habe, ist nicht richtig. Das Gericht hat den Sonntag nicht in die Ladezeit, sondern in die Überliegezeit gerechnet. In Frankreich werden die Sonntage von der Ladezeit ausgenommen, nicht aber von der Überliegezeit.

28 *Smeesters-Winkelmolen* II Nr. 492, S. 38—39.

29 Vgl. Art. 117 Abs. 3 K. I. N. D.

30 Nach Regel 11 S. 316 gilt: "The operation of lay-time is interrupted on legal holidays, on Sundays and on Saturdays' afternoons or on such days where the custom of the State or religious factors have made another weekly rest effective. The operation will not be interrupted if work is actually carried out during such time."

31 So z. B. Baltwood 6; Nubaltwood 6; Scanfin 5; Medcon 10; Welcon 16; Centrocon 13; Russwood 6; Benacon 9; Papierholzcharter 11; Deutholzneu 6.

32 The Dartford 1938 A. M. C. 1548; A/S Westfall-Larsen v. Russo-Norwegian Transport Co. Ltd. (1931) 40 Ll. L. Rep. 259; *Schaps-Abraham* Anm. 4 zu § 573, S. 365; *Rodière* I Nr. 241, S. 267; *Tiberg* S. 323; *Papamichalopoulos* S. 30; *Scrutton* S. 311; *Carver* S. 1020.

solcher angesehen wird[33]; es genügt aber nicht die bloße Tatsache, daß an einem Tage nicht gearbeitet wird, um ihn von der Lade- und Löschzeit auszurechnen[34].

Die Klausel "Sundays and holidays excepted" schließt weiter nicht nur die nationalen, sondern auch die lokalen Feiertage ein[35].

Die Ausnahme von „Feiertagen" schließt aber nicht Ruhetage ein, die die Regierung aus wirtschaftlichen oder propagandistischen Gründen anordnet[36]. Dagegen wird der 1. Mai als ein "holiday" im Sinne der Klausel angesehen[37].

Ist die Klausel "Sundays and non-working holidays excepted" vereinbart, so sind auch die "holidays" als Arbeitstage zu behandeln und zu zählen, an denen ohne zusätzliche Kosten für den Befrachter gearbeitet wird, weil sie dann nicht "non-working holidays" sind[38]. Im Falle "Panagos Lyras" entstand Streit über die Frage, ob bei der obigen Klausel die Feiertage "Good Friday", "Holy Saturday" und "Easter Tuesday", an denen ohne zusätzliche Kosten gearbeitet wurde, von der Ladezeit ausgeschlossen werden müßten. Die genannten Tage wurden nicht ausgenommen, weil ein Feiertag nur dann als "non-working holiday" anzusehen ist, wenn die Durchführung des Ladegeschäfts an diesem Tag mit extra Kosten für den Befrachter verbunden ist. Ohne Bedeutung ist die Tatsache, daß die Feiertage staatlich anerkannt sind.

---

[33] A/S Westfall-Larsen v. Russo-Norwegian Transport (1931) 40 Ll. L. Rep. 259 (260): "... whether those days were holidays according to the regulations or the practice or the custom or the law applicable in the port of Leningrad"; *Schaps-Abraham* Anm. 4 zu § 573, S. 365; *Aisenstein* S. 211; *Scrutton* S. 311; *Tiberg* S. 324; *Summerskill* S. 170; s. auch Rule 11 der „Regeln von Athen" S. 316; anders allerdings, wenn "legal holidays" ausdrücklich vereinbart sind; *Schaps-Abraham* a. a. O.

[34] Vgl. *Tiberg* S. 324; *Schaps-Abraham* Anm. 4 zu § 573, S. 365.

[35] Hain S. S. Co. Ltd. v. Sociedad Anonima Commercial de Exportacion y Importacion (The Tregantle) (1932) 43 Ll. L. Rep. 136; es heißt hier: "I do not think that ... it is necessary to show that it is a holiday universally recognized or decreed or obtaining throughout the whole territory of the Argentine; ... holidays really are a local institution and only very exceptionally a national institution." Vgl. auch *Carver* S. 1020; *Summerskill* S. 171; *Papamichalopoulos* S. 30.

[36] Kerr v. Schwaner, 9th Cir. 1910, 177 Fed. 659 = R. I. D. M. XXVI, 235; *Schaps-Abraham* Anm. 4 zu § 573, S. 365; *Papamichalopoulos* S. 30.

[37] Trib. com. La Rochelle, 4 juillet 1930, Dor Sup. 9, 38; *Rodière* I Nr. 241, S. 267; *Mittag* S. 41; anders *Hagerman v. Norton* 5th Cir. 1901, 105 Fed. 996 = R. I. D. M. XVI, 876; *Papamichalopoulos* S. 31.

[38] Panagos Lyras (Owners) v. Joint Danube and Black Sea Shipping Agencies of Brasilia (1931) 40 Ll. L. Rep. 83 = Dor 24, 232; *Carver* S. 1020; *Summerskill* S. 173.

Enthält die Charter die Klausel "Sundays excepted", so taucht die Frage auf, ob auch Feiertage[39] ausgenommen sind. Eine Reihe von Autoren[40] nimmt an, durch Ausschluß der Sonntage seien im Zweifel auch die gesetzlichen Feiertage ausgeschlossen. Wenn die Klausel "Sundays excepted" vereinbart ist, sollen m. E. nur die Sonntage ausgenommen werden. Sollen auch die Feiertage ausgeschlossen werden, so muß die Klausel "Sundays and holidays excepted" vereinbart sein. Die Unklarheiten, die durch den Gebrauch der Ladezeit-Klauseln — obwohl sie seit langem gebraucht werden — entstanden sind, scheinen heute so groß geworden zu sein, daß eine klarere Fassung dieser Klauseln durch die Parteien geboten erscheint.
Bisweilen werden die Feiertage, die von der Ladezeit auszuschließen sind, in der Charter genannt; dann kommen offenbar die anderen Feiertage bei der Berechnung der Ladezeit in Ansatz[41].

Besondere Schwierigkeiten bereiten die Sonnabende, an denen üblicherweise nur bis Mittag gearbeitet wird. Ist deshalb der Sonnabend als ein "half holiday" anzusehen oder als normaler Arbeitstag?
In den Seerechtsordnungen, die nur mit ganzen Tagen rechnen, wird der Sonnabend als gewöhnlicher Arbeitstag mitgezählt[42]. Es gilt die Regel, daß der Teil eines Tages als ganzer Tag zählt, sofern der Frachtvertrag nichts anderes bestimmt. Die Klausel "Sundays and holidays excepted" schließt den Sonnabendnachmittag also nicht ein. Ohne Bedeutung ist es, ob die Arbeit im betreffenden Hafen am Sonnabend nach 13 Uhr untersagt ist[43].
Die englische Rechtsprechung hat im Fall Reardon Smith Line Ltd. v. Ministry of Agriculture[44] in der ersten und zweiten Instanz entschieden, daß der Sonnabend kein "working day" sei, weil er für die Elevatoren-

---

[39] Die Feiertage aller Häfen der Welt sind im Holiday Calendar der Baltic and International Maritime Conference verzeichnet.

[40] *Schaps-Abraham* Anm. 4 zu § 573, S. 365; *Mittag* S. 41; *Prüssmann* § 573 D, S. 465; a. A. *Sieveking* S. 58 und die dort angeführte Rechtsprechung; *Poor* S. 103; s. auch *Papamichalopoulos* S. 33, der aber auf S. 29 meint, daß der Ausdruck „Sonntage" auch die Feiertage umfasse.

[41] Vgl. *Smeesters-Winkelmolen* II Nr. 495, S. 42.

[42] Holländisches Schiedsgericht Hansa 1950 S. 408—409; Schutzverein Deutscher Rheder Hansa 1958 S. 2366; BIMCO Hansa 1955 S. 1083, Hansa 1966 S. 1688, Hansa 1967 S. 206; vgl. auch *Schaps-Abraham* Anm. 4 zu § 573, S. 366; *Prüssmann* § 573 D, S. 465; *Scrutton* S. 311; *Summerskill* S. 175; *Carver* S. 1020; *Tiberg* S. 327; *Poor* S. 103.

[43] Hain S. S. Co. v. Sociedad Anonima Comercial de Exportacion y Importacion (The Trevarrack) (1934) 49 Ll. L. Rep. 86 = Dor 31, 119.

[44] (1959) 2 Lloyd's Rep. 229; im C. A. (1961) 1 Lloyd's Rep. 385.

Arbeiter nicht zur Arbeitswoche zähle. So wird in dieser Entscheidung ausgeführt[45]:

"... that the issue must be determined with reference to the particular trade involved, and, for elevator men, Saturday did not form any part of their usual working week of 40 hours; and that therefore Saturday did not count as a whole or half a working day; and, further, that if Saturday counted at all, it should be counted as half a working day".

Das House of Lords[46] hat aber in gleicher Sache nach Einlegung der Revision von seiten der Reedereien den obigen Standpunkt zurückgewiesen und entschieden, daß der Sonnabend als voller Arbeitstag zähle. Dort heißt es:

"... it seems to me that the line which divides an individual's hours at normal rate from his hours at an overtime rate has no relevance at all to the question whether a day is or is not a working day ... Saturday counts among the lay days that are imputed to the charterers and it counts as a whole day".

Soll der Sonnabendnachmittag von der Ladezeit ausgenommen werden, so muß dies ausdrücklich im Frachtvertrag vereinbart sein[47]. Bei der Sonnabendnachmittagklausel gilt der Sonnabend als ein halber Feiertag[48].

2. *Die Klausel "working days"*

Die Lade- und Löschzeit wird in der Charter manchmal in "working days" festgesetzt[49]. In diesem Falle kommen bei der Berechnung der Lade- und Löschzeit nur die Arbeitstage in Ansatz; die Sonn- und Feier-

---

[45] (1961) 1 Lloyd's Rep. 387.

[46] (1963) 1 Lloyd's Rep. 12; vgl. auch „Z" Steamship Company Ltd. v. Amtorg New York (1938) 61 Ll. L. Rep. 97; auch in diesem Fall wurde der Sonnabend nicht von der Ladezeit ausgenommen; die Charter enthielt die Klausel "Sundays official and local holidays excepted".

[47] Z. B. Nubaltwood 6; Baltcon 5 A; Austwheat 19; vgl. auch die Formel in Coastcon 3: "1 p. m. Saturdays to 6 a. m. Mondays, Colliery and Dock Holidays excepted." Bisweilen wird vereinbart "Saturdays and days preceding general or local holidays to count only as 3/4 of a day": The Dartford 1938 A. M. C. 1548. Auch nach den „Regeln von Athen" (Rule 11) wird der Sonnabendnachmittag nicht in die Ladezeit gerechnet.

[48] LG Hamburg 17. 7. 1964 Hansa 1965 S. 311.

[49] Z. B. Phoscon 7: "The cargo to be loaded and discharged at the average rate of ... tons per reversible working day ..." In Kohlechartern werden oft "Colliery working days" vereinbart oder die "Colliery Holidays" ausgeschlossen; so z. B. Baltcon 5 A; Medcon 4; s. *Scrutton* S. 313: "Colliery working days means all days on which the colliery works in normal times and under normal circumstances, excluding Sundays and holidays, such as Mabon's Day in South Wales, which are not port holidays"; vgl. auch *Carver* S. 1067.

tage werden also ausgeschlossen[50]. Wollen die Vertragsparteien, daß die Lade- und Löschzeit auch während der Sonn- und Feiertage läuft, so vereinbaren sie die Lade- und Löschzeit in "running days"[51], was aber sehr selten ist.

Der Begriff "working day" ist nicht unstreitig. Es taucht hier vielmehr die Frage auf, ob es sich um einen 8-Stunden-Tag (gewöhnliche Arbeitszeit) oder einen 24-Stunden-Tag handelt. Die Frage ist von großer praktischer Bedeutung für die Berechnung der Lade- und Löschzeit, weil — wenn die übliche Arbeitszeit zugrunde gelegt wird — ein anderes Resultat erzielt wird, als wenn der "working day" zu 24 Stunden gerechnet wird[52].

Der britische Court of Appeal hat in einem Urteil vom 31. Februar 1955 entschieden, daß ein Arbeitstag nicht eine Periode von 24 Stunden, sondern die ortsübliche normale Arbeitszeit umfasse[53]. Nach dieser Auffassung wird das Wort "day" durch das Wort "working" qualifiziert. Das House of Lords hat aber vor kurzem diese Auslegung von "working day" zurückgewiesen und den Standpunkt eingenommen, ein "working day" sei ein Tag von 24 Stunden[54]. Das Wort "working" wird im Gegensatz zu den Sonn- und Feiertagen gebraucht; es ändert also nichts am Umfang des Tages, der einen Zeitraum von 24 Stunden beträgt, die — sofern nichts anderes vereinbart ist — zu Mitternacht beginnen und enden[55].

---

[50] *Summerskill* S. 25; *Carver* S. 1009; *Scrutton* S. 312; *Tiberg* S. 322; *Schaps-Abraham* Anm. 4 zu § 573, S. 366. Die Behauptung von *Papamichalopoulos* S. 28, "working days" seien die Tage, an denen die Lade- und Löscharbeiten nicht durch schlechtes Wetter oder allgemeinen Streik verhindert werden, ist willkürlich.

[51] Vgl. *Carver* S. 1006; *Ripert* II Nr. 1538, S. 448; *Summerskill* S. 23; *Poor* S. 102; *Tiberg* S. 321. Wo die Ladezeit in "running days" bestimmt ist, wird meist ein besonderer Ausschluß der Sonn- und Feiertage vereinbart; vgl. Sentence arbitrale, 7 février 1963, D. M. F. 1963, 497; Hain S. S. Co. v. Sociedad Anonima Commercial de Exportacion y Importacion (The Trevarrack) (1934) 49 Ll. L. Rep. 86.

[52] Vgl. Hansa 1927 S. 1541; Helmers Hansa 1955 S. 1520.

[53] Alvion S. S. Corporation of Panama v. Galban Lobo Trading Co. (1955) 1 Lloyd's Rep. 9 = Hansa 1955 S. 549; s. auch die Kritik zu diesem Urteil von Helmers Hansa 1955 S. 1520.

[54] Reardon Smith Line Ltd. v. Ministry of Agriculture (1963) 1 Lloyd's Rep. 12 = Hansa 1963 S. 627; vgl. auch *Summerskill* S. 24, 27; *Carver* S. 1009.

[55] Vgl. *Summerskill* S. 26.

In Deutschland ist bei einem Arbeitstag von der ortsüblichen Arbeitszeit auszugehen[56].

Im Frachtvertrag wird bisweilen ausdrücklich vereinbart, daß ein Tag von 24 Stunden zugrunde gelegt werden muß; so z. B. durch die Klausel: "Cargo to be received at destination at an average rate of not less than ... tons per ... working day ...; lay days in loading and discharging to be calculated on the basis of 24 hours per day"[57].

3. Die Klausel "working days of 24 hours"

Die Klausel "working days" bereitet größere Schwierigkeiten, wenn sie mit dem Zusatz "of 24 hours" vereinbart wird. Die englische Rechtsprechung[58] hat entschieden, daß in diesem Fall "an artificial day" von 24 Arbeitsstunden gemeint sei, der sich über mehrere Kalendertage erstrecken könne, so daß ein "working day of 24 hours" drei Kalendertage umfaßt, falls die ortsübliche Arbeitszeit acht Stunden beträgt[59].

Anders wurde die Klausel in Belgien ausgelegt. Nach der belgischen Auffassung[60] hat der Zusatz "of 24 hours" den Sinn, daß der Befrachter auch während der Nacht arbeiten kann oder daß die Tage, an denen die Ladearbeiten durch schlechtes Wetter für einige Stunden verhindert werden, nicht als volle Tage zählen.

Im Frachtvertrag wird manchmal die Klausel "working day of 24 consecutive hours" vereinbart. Diese Klausel ist klar und eindeutig. Ein "working day" umfaßt 24 fortlaufende Stunden[61], nicht aber 24 wirkliche Arbeitsstunden. Das gleiche gilt, wenn die Charter die Klausel "working days of 24 running hours" enthält. Durch solche Vereinbarungen werden die durch die Klausel "working days" oder "working days of 24 hours" entstehenden Streitigkeiten vermieden.

---

[56] Hamburger Schiedsgericht 11. 7. 1930 HRGZ 1930 B Sp. 595—598; HansOLG 15. 6. 1934 HRGZ 1934 B Sp. 507—509; *Schaps-Abraham* Anm. 4 zu § 573, S. 366; *Prüssmann* § 573 D, S. 466; *Schlegelberger-Liesecke* Anm. 8 zu § 573, S. 246.

[57] Compania Naviera Azuero S. A. v. British Oil and Cake Mills Ltd. (1957) 1 Lloyd's Rep. 312.

[58] Siehe die bei *Summerskill* S. 38—39 zitierten Entscheidungen; vgl. auch *Scrutton* S. 313.

[59] 8 Arbeitsstunden machen also nur 1/3 working day aus. Eine solche Auslegung führt im Ergebnis zur Abschaffung des Wortes "day" und zur Berechnung der Ladezeit "per 24 working hours"; *Smeesters-Winkelmolen* II Nr. 496, S. 43.

[60] *Smeesters-Winkelmolen* a. a. O. und die dort angeführte Rechtsprechung.

[61] Hamburger Schiedsspruch 10. 6. 1968 Hansa 1969 S. 10—11.

4. Die Klausel "weather working days"

In vielen Chartern wird die Lade- und Löschzeit durch den Begriff "weather working day" geregelt[62]. Bei dieser Klausel werden von der Lade- und Löschzeit ausgenommen:

a) die Sonn- und Feiertage

b) die Tage, an denen die Beladung bzw. Entlöschung durch schlechtes Wetter verhindert wird[63].

Die Lade- und Löschzeit wird bei der "weather working days"-Klausel nur dann gehemmt, wenn die Lade- oder Löscharbeiten wegen der Wetterverhältnisse tatsächlich unterbrochen werden; wird also trotz des schlechten Wetters gearbeitet oder herrscht die schlechte Witterung zu einer Zeit, während derer im Hafen üblicherweise nicht gearbeitet wird und auch nicht die Absicht bestand zu arbeiten, so läuft die Lade- und Löschzeit ohne Unterbrechung weiter[64].

Die englische Rechtsprechung hat aber die Klausel im Falle Compania Naviera Azuero S. A. v. British Oil & Cake Mills Ltd.[65] nicht in diesem Sinne ausgelegt. Nach diesem Urteil ist nur die Wetterlage entscheidend, d. h. es kommt darauf an, ob eine Unterbrechung wegen der Witterungsverhältnisse an sich berechtigt gewesen wäre, nicht aber, ob die Arbeiten wirklich unterbrochen worden sind oder nicht.

Diese Rechtsprechung scheint nicht gerechtfertigt zu sein. Durch die Klausel "weather working days" geht eine Verzögerung durch ungünstiges Wetter zu Lasten des Verfrachters. Ist aber keine Verzögerung durch die Wetterverhältnisse verursacht, so sollte die Klausel auch nicht zur Anwendung kommen[66].

---

[62] Manchmal lautet die Klausel "weather working days of 24 hours" oder "weather working days of 24 consecutive hours" (so Hamburger Schiedsspruch 10. 6. 1968 Hansa 1969 S. 10—11); über die Bedeutung dieser Zusätze und den Begriff "working day" siehe oben S. 89—91.

[63] *Schaps-Abraham* Anm. 4 zu § 573, S. 366; *Carver* S. 1012; *Scrutton* S. 313; *Rodière* I Nr. 242, S. 268; *Prüssmann* § 573 D, S. 466; *Poor* S. 102.

[64] Vgl. Trappe Hansa 1957 S. 2140—2141; *Schlegelberger-Liesecke* Anm. 8 zu § 573, S. 246; *Prüssmann* § 573 D, S. 466; *Peters* S. 151; *Summerskill* S. 169; *Poor* S. 102. Das gleiche gilt, wenn die Charter die Klausel "weather permitting" enthält; Sentence arbitrale, 7 février 1963, D. M. F. 1963, 497. Näheres dazu unten S. 93—94.

[65] (1957) 1 Lloyd's Rep. 312 = Hansa 1957 S. 1882.

[66] Vgl. auch Trappe Hansa 1957 S. 2140—2141. Die Baltic and International Maritime Conference Hansa 1966 S. 1688 empfiehlt den Reedern, die Stipulierung "weather working day" zu vermeiden und den Ausdruck "per working day, weather permitting" zu benutzen.

III. Folgen der Ausnutzung der ausgeschlossenen Zeit

Wird an den von der Ladezeit ausgenommenen Sonn- und Feiertagen tatsächlich geladen, so fragt es sich, ob sie dann als Ladezeit zählen oder nicht.

Wenn die Parteien keine besondere Vereinbarung getroffen haben, kann der Befrachter nicht verlangen, während der ausgeschlossenen Zeit zu laden. Häufig wird aber mit Zustimmung des Schiffers an den ausgenommenen Sonn- und Feiertagen gearbeitet.

Nach der herrschenden Meinung werden die zur Beladung benutzten Sonn- und Feiertage nicht in die Ladezeit eingerechnet[67].

Die französische Rechtsprechung ist geteilt[68]. Ein Teil der Gerichte hat entschieden, daß die Ausnutzung der ausgeschlossenen Zeit die vereinbarte Ladezeit nicht berührt und folglich die Sonn- und Feiertage trotz ihrer Ausnutzung nicht einzurechnen sind[69].

Andere Gerichte haben entschieden, daß die Sonn- und Feiertage, an denen geladen worden ist, mitzuzählen sind[70].

Schließlich haben einige Gerichtsentscheidungen den Standpunkt eingenommen, daß die zur Beladung benutzten Sonn- und Feiertage nur zur Hälfte auf die Ladezeit angerechnet werden sollen[71].

Soweit nichts anderes bestimmt ist, kann man aus der Aufforderung des Befrachters, während der ausgeschlossenen Zeiten zu arbeiten, nicht schließen, daß er auf seine Rechte aus den ausgeschlossenen Zeiträumen verzichtet. Eine Änderung des Vertrages ist nicht der bloßen Tatsache der Durchführung der Ladearbeiten zu entnehmen[72]; folglich wird dadurch die vertraglich vorgesehene Ladezeit nicht berührt. Das gilt sowohl für den Liegegeld- als auch für den Eilgeldanspruch.

Sollen die zur Beladung benutzten Sonn- und Feiertage als reguläre Ladezeit zählen, so muß dies ausdrücklich im Frachtvertrag vereinbart

---

[67] *Schaps-Abraham* Anm. 4 zu § 573, S. 365; *Capelle* S. 221; *Mittag* S. 41; *Sieveking* S. 58; *Carver* S. 1021; *Scrutton* S. 311; *Summerskill* S. 168; *Poor* S. 105; *Tiberg* S. 338; *Smeesters-Winkelmolen* II Nr. 493, S. 39; siehe auch LG Piräus 212/1920 Themis ΛB S. 155; a. A. *Papamichalopoulos* S. 31: Läßt sich der Schiffer auf eine Beladung oder Entlöschung während der Sonn- und Feiertage ein, so ist er berechtigt, die benutzten Tage der Lade- und Löschzeit mitzurechnen.

[68] Vgl. *Rodière* I Nr. 243, S. 269; *Aisenstein* S. 212.

[69] C. A. Aix, 13 février 1922, R. I. D. M. XXXIV, 621.

[70] Tribunal Rennes, 31 janvier 1924, Dor Sup. 2, 413. Die Entscheidung stützt sich auf die Hafengebräuche, nach denen die benutzten Sonn- und Feiertage als Ladezeit zählen.

[71] Vgl. C. A. Paris, 22 décembre 1934, Dor Sup. 13, 14.

[72] Vgl. hinsichtlich der Ausnutzung der free time oben S. 36—39.

werden. Dies geschieht z. B., wenn die Klausel "Sundays and holidays excepted" mit dem Zusatz "unless used" vereinbart wird[73].

Zweiter Abschnitt

Unterbrechung der Lade- und Löschzeit

A. Allgemeines zu den Hindernissen bei der Beladung bzw. Entlöschung

Eine glatte Durchführung der Lade- und Löscharbeiten wird häufig durch verschiedenartige Störungen behindert. Soweit es sich um verschuldete Hindernisse handelt, entstehen keine Schwierigkeiten. Sie fallen nach international übereinstimmender Rechtsauffassung demjenigen zur Last, der sie verschuldet hat[74]. Die zufälligen Hindernisse, die die Beladung bzw. die Entlöschung behindern, lassen sich in vier Gruppen aufteilen:

a) Naturereignisse, z. B. Regen, Frost, Hochwasser usw.
b) Sozialereignisse, z. B. Streik und Aussperrung
c) behördliche Anordnungen
d) politische und wirtschaftliche Ereignisse, z. B. Krieg und Mangel an Arbeitskräften.

Es liegt auf der Hand, daß sich der Aufenthalt des Schiffes im Hafen erheblich verlängern würde, wenn alle diese Hindernisse den Ablauf der Ladezeit unterbrechen würden. Das hätte einen beträchtlichen Schaden für den Verfrachter zur Folge und würde dem allgemeinen Interesse der Wirtschaft widersprechen. Andererseits wäre es ungerecht und widersinnig, wenn der Befrachter bzw. Empfänger in all den Fällen, in denen die Beladung bzw. Entlöschung durch Zufall verzögert wird, verpflichtet wäre, das hohe Liegegeld zu entrichten.

---

[73] Z. B. Baltwood 6; Scanfin 5; Baltcon 5 A; vgl. *Summerskill* S. 169; *Capelle* S. 221. Die „Regeln von Athen" (Rule 11 S. 316) bestimmen ausdrücklich, daß die zur Beladung benutzten ausgeschlossenen Zeiträume in die Ladezeit eingerechnet werden.

[74] *Schaps-Abraham* Anm. 5 zu § 573, S. 367; *Schlegelberger-Liesecke* Anm. 5 und 6 zu § 573, S. 245—246; *Prüssmann* § 573 B, S. 463; *Capelle* S. 223; *Carver* S. 1063; *Tiberg* S. 224; *Warneken* S. 97; *Sotiropoulos* D. N. E. E. Nr. 19 S. 12—18 (15); *Papamichalopoulos* S. 45, 48; vgl. auch *Ripert* II Nr. 1541, S. 452—453; *Rodière* I Nr. 239, S. 265.

Im folgenden wird die Frage des Einflusses der zufälligen Ereignisse auf die Lade- und Löschzeit erörtert, die von größter praktischer Bedeutung ist.

B. Die Risikoverteilung unter den Parteien

I. Allgemeine Grundsätze

1. Deutsches Recht

Nach § 573 HGB[75] gilt: „Bei der Berechnung der Ladezeit ... kommen in Ansatz ... diejenigen Tage, an welchen der Befrachter durch Zufall die Ladung zu liefern verhindert ist.
Nicht in Ansatz kommen jedoch die Tage, an denen durch Wind und Wetter oder durch irgendeinen anderen Zufall entweder

1. die Lieferung nicht nur der bedungenen, sondern jeder Art von Ladung an das Schiff oder
2. die Übernahme der Ladung

verhindert ist."

a) Sphärentheorie

Das Gesetz unterscheidet zwischen solchen zufälligen Hindernissen, die die Lieferung der Ladung, und solchen, die die Übernahme der Ladung hindern, und folgt weiterhin dem Grundsatz, daß jede Partei diejenigen Hindernisse zu tragen hat, die auf ihrer Seite eintreten (Sphärentheorie)[76].
Die zufälligen Ereignisse, die den Befrachter an der Lieferung der Güter hindern, gehen also zu seinen Lasten[77], d. h. es zählen zur Ladezeit alle Tage, während derer die Lieferung der bedungenen Ware durch Zufall verhindert wird, so z. B. wenn die Lieferung der Ladung infolge einer Beschlagnahme der abzuladenden Güter oder durch zufällige Störungen beim Transport der Güter zum Ladeplatz unmöglich ist[78].

---

[75] Für die Löschzeit gilt entsprechendes, § 597 HGB.
[76] Zur Sphäre des Befrachters gehört die Lieferung der Ladung, während zur Sphäre des Verfrachters die Übernahme der Ladung gehört; siehe dazu oben S. 9.
[77] Vgl. *Schaps-Abraham* Anm. 6 und 8 zu § 573, S. 367; *Prüssmann* § 573 B, S. 463; *Pappenheim* III S. 179; *Boyens* S. 149; *Mittag* S. 47; *Wüstendörfer* S. 250.
[78] Vgl. *Schaps-Abraham* Anm. 8 zu § 573, S. 367; *Prüssmann* § 573 B, S. 464; siehe mehrere Beispiele insbesondere bei *Mittag* S. 48.

Dagegen fallen die zufälligen Ereignisse, wegen derer eine Ladung nicht übernommen werden kann, dem Verfrachter zur Last[79], d. h. sie hemmen den Lauf der Ladezeit, so daß der Verfrachter kein Liegegeld erhält, falls die vereinbarte Ladezeit aus solchen Gründen überschritten wird. Die Ladezeit wird z. B. gehemmt, wenn der Verfrachter an der Übernahme der Ladung durch Streik der Schiffsmannschaft oder Fehlen von Ladeeinrichtungen auf dem Schiff gehindert ist.

Ist die Übernahme nur während eines Teils des Tages nicht möglich, so wird die Ladezeit für einen vollen Tag gehemmt, weil sie nach ganzen Tagen zählt[80]. Bei nur ganz geringfügigen Behinderungen kann der Abzug eines vollen Tages von der Ladezeit jedoch gegen Treu und Glauben (§ 242 BGB) verstoßen[81].

b) Die Ausnahme des § 573 Abs. 2 Nr. 1 in Verbindung mit § 574 Satz 1 HGB. Kritik des § 574 Satz 1

Von dem Grundsatz, daß die Störungen, die die Lieferung verhindern, zu Lasten des Befrachters gehen (Sphärentheorie), macht § 573 Abs. 2 Nr. 1 HGB[82] eine Ausnahme für den Fall, daß „die Lieferung nicht nur der bedungenen sondern jeder Art von Ladung an das Schiff" verhindert ist[83]. Die Tage, an denen nicht nur die konkrete Ladung, sondern jede Art von Ladung wegen Zufalls[84] nicht geliefert werden kann, kommen für den Lauf der Lade- und Überliegezeit nicht in Ansatz.

In § 574 Satz 1 HGB bestimmt das Gesetz demgegenüber: „Für die Tage, die der Verfrachter wegen Verhinderung der Lieferung jeder Art von Ladung länger warten muß, gebührt ihm Liegegeld, selbst wenn die Verhinderung während der Ladezeit eintritt."

Die Ausnahme des § 573 Abs. 2 Nr. 1 HGB hat Kritik gefunden. So meint *Wüstendörfer*[85] S. 250: „Dieser beifallswerte Grundsatz der ‚Sphärentheorie' wurde aber leider vom Gesetz nicht folgerichtig durchgeführt ... zu Lasten des Verfrachters verlängert sich die Wartezeit auch durch Nichtansatz der Tage, an denen durch Zufall die Lieferung nicht nur der bedungenen, sondern jeder Art von Ladung an das Schiff verhindert ist." Ähnlich führt er auch in der Kommentierung zu § 574 aus:

---

[79] Vgl. *Schlegelberger-Liesecke* Anm. 5 zu § 573, S. 245; *Prüssmann* § 573 B, S. 463; *Wüstendörfer* S. 250; *Schaps-Abraham* Anm. 7 zu § 573, S. 367.

[80] Siehe dazu oben S. 60—62.

[81] *Prüssmann* § 573 B, S. 463; *Schlegelberger-Liesecke* Anm. 5 zu § 573, S. 246.

[82] Für die Löschzeit gilt § 597 Abs. 2 Nr. 1 HGB.

[83] Diese Ausnahme gilt nicht, wenn vereinbart ist, daß die Abladung bis zu einem bestimmten Tage beendigt sein muß; § 576 HGB.

[84] Das Gesetz nennt nur Wind und Wetter, die Aufzählung ist aber nur beispielhaft; vgl. *Peters* S. 117.

[85] Siehe auch *Lindenmaier* JbAkDR 1939/1940 S. 105—138 (132).

„Trotz dieser Zahlungspflicht des Befrachters läuft es hinaus auf eine unbillige Belastung des Verfrachters, seine Wartepflicht zu verlängern wegen gewisser Hindernisse in einem ihm fremden Lebenskreise."

Hinsichtlich der Unterbrechung der Ladezeit[86] ist m. E. die Ausnahme des § 573 Abs. 2 Nr. 1 HGB gerechtfertigt. Es wäre unbillig, wenn die dem Befrachter zur Anlieferung der Güter gewährte Ladezeit auch dann laufen würde, wenn im Hafen solche Verhältnisse herrschen, daß jegliche Arbeit absolut unmöglich ist. In diesem Fall sollte die Ladezeit unterbrochen werden. Die Gegenansicht erscheint dagegen zu starr, wenn sie den Befrachter in einer solchen Situation schutzlos läßt und diese Zeit auch für die Verpflichtung zur Zahlung des hohen Liegegeldes berücksichtigen will.

Der Ausschluß solcher Tage von der Ladezeit, während derer die Lieferung jeder Art von Ladung unmöglich ist, erhält für den Befrachter praktische Bedeutung, wenn für die ausgenommene Zeit kein Liegegeld zu zahlen ist[87]. Das deutsche Recht[88] bestimmt aber in § 574 Satz 1 HGB, daß der Verfrachter für die von der Ladezeit ausgenommenen Tage Liegegeld beanspruchen kann. Damit zeigt das Gesetz besondere Strenge gegenüber dem Befrachter, der die Folgen jedes Zufalls und höherer Gewalt trägt. § 574 HGB sollte hinsichtlich der Ladezeit aus Billigkeitsgründen beseitigt werden.

Anderes sollte aber für den Lauf der Überliegezeit gelten, weil der Befrachter die Ladearbeiten innerhalb der Ladezeit abschließen sollte. Gewöhnlich wird dafür eine längere Zeit angesetzt, als für die Durchführung des Ladegeschäfts wirklich notwendig ist. Hat der Befrachter die Beladung verzögert und hat die Überliegezeit begonnen, so soll von diesem Zeitpunkt ab jede Lieferverzögerung — auch die durch zufällige Hindernisse — zu seinen Lasten gehen[89].

---

86 Das deutsche Gesetz macht keinen Unterschied, ob das Hindernis während der Lade- oder Überliegezeit eintritt.

87 Der Umstand, daß der Verfrachter länger warten muß, ist in der Praxis ohne besondere Bedeutung, wenn der Befrachter Liegegeld entrichten muß. Die Hauptbedeutung der Ladezeit liegt darin, daß mit ihrem Ablauf die Überliegezeit beginnt, für die der Befrachter Liegegeld zu gewähren hat; siehe oben S. 6; vgl. auch *Peters* S. 1. Der Verfrachter hat auch während der Überliegezeit auf die Abladung zu warten. Die Dauer der Überliegezeit wird meist nicht fix im Vertrag bestimmt; ist das Schiff auf Liegegeld gekommen, so wartet es in der Regel, bis die Beladung vollständig beendet ist. Vgl. auch unten S. 101.

88 Die ausländischen Seerechtsordnungen kennen keine Liegegeldpflicht des Befrachters bei Unterbrechung der Ladezeit. Ebenso die „Regeln von Athen".

89 Nach den meisten Charterpartien gehen die zufälligen Hindernisse während der Überliegezeit zu Lasten des Befrachters, so z. B. Coastcon 8: "any time lost through strikes, lockouts or stoppages of pitmen or workmen ... civil commo-

2. Angloamerikanisches Recht

Das angloamerikanische Recht unterscheidet für den Einfluß des Zufalls auf den Lauf der Ladezeit zwischen fixer und nicht fixer Ladezeit[90].
Wenn im Vertrag eine "fixed lay time" bestimmt ist, wird die Ladezeit nie unterbrochen, und die Folgen jeder zufälligen Verhinderung treffen den Befrachter. Dies gilt auch dann, wenn die Übernahme der Ladung verhindert ist[91], so z. B. wenn wegen schlechten Wetters, behördlicher Anordnungen[92] oder Überfüllung des Hafens die Übernahme der Güter durch den Verfrachter unmöglich ist. Die zufälligen Störungen üben also bei Fehlen gegenteiliger Vereinbarung keinen Einfluß auf den Lauf einer "fixed lay time" aus. Nur wenn ein Verschulden des Verfrachters oder seiner Leute gegeben ist, ist eine Unterbrechung möglich[93].
Ist dagegen im Vertrag keine fixe Ladezeit bestimmt, so unterbrechen die zufälligen Hindernisse die Ladezeit selbst dann, wenn sie auf seiten des Befrachters eintreten. In diesem Fall hat der Befrachter nur für "reasonable diligence" einzustehen, er hat "in a reasonable time" zu laden[94]. Die zur Verladung bestimmten Güter müssen jedoch am Ladeplatz abladebereit sein[95].

3. Französisches, belgisches und griechisches Recht

In Frankreich[96] und Belgien[97] wird angenommen, daß die Ladezeit stets unterbrochen wird, wenn die Beladung durch höhere Gewalt verhindert wird.

---

tions, frosts, floods, storms, bad weather, or accidents which prevent or delay the working, leading or loading of the said Cargo, not to count unless Vessel is already on demurrage".

[90] Wann eine "fixed lay time" vorliegt, siehe oben S. 49.

[91] *Carver* S. 999; *Tiberg* S. 157, 289; *Chorley-Giles* S. 138; wie *Scrutton* S. 315 hervorhebt: "If ... the charterer has agreed to load or unload within a fixed period of time, that is an absolute and unconditional engagement."

[92] Vgl. Queen's Bench Division Hansa 1959 S. 1711—1712.

[93] Alexander v. Aktieselskabet Hansa (1920) A. C. 88; *Payne* S. 134; *Scrutton* S. 316.

[94] *Carver* S. 1033; *Scrutton* S. 319; *Payne* S. 134; *Summerskill* S. 79: "The charterer's duty is to do their best."

[95] *Summerskill* a. a. O.; *Scrutton* a. a. O.; *Tiberg* S. 276.

[96] Vgl. *Ripert* II Nr. 1542, S. 453; *Rodière* I Nr. 230, S. 258; *Lyon-Caen-Renault* Bd. V Nr. 791. Für den Befrachter gilt wie für jeden Schuldner Art. 1148 Code civil: «Il n'y a lieu à aucuns dommages et intérêts lorsque, par suite d'une force majeure ou d'un cas fortuit, le débiteur a été empêché de donner ou de faire ce à quoi il était obligé, ou a fait ce qui lui était interdit.»

[97] *Smeesters-Winkelmolen* II Nr. 510, S. 62.

Im griechischen Seerecht wird der Einfluß zufälliger Hindernisse auf die Ladezeit durch Art. 117 Abs. 3 K. I. N. D. geregelt. Nach dieser Vorschrift werden in die Ladezeit die Tage nicht eingerechnet, an denen durch zufällige Ereignisse die Beladung für jeden Befrachter und nicht nur für den bestimmten allein unmöglich wäre[98]. Die Unterbrechung der Ladezeit durch höhere Gewalt gilt also auch durchweg im griechischen Recht[99].

Es wird die Ansicht vertreten[100], daß höhere Gewalt nicht zu einer Hemmung der Ladezeit führe, wenn die Ladezeit in "running days" vereinbart ist. Dieser Meinung kann nicht zugestimmt werden. Bei der Vereinbarung einer Ladezeit in "running days" werden die Tage in ununterbrochener Reihenfolge gezählt. Das bedeutet aber nur, daß die Sonn- und Feiertage in die Ladezeit eingerechnet werden sollen, nicht aber, daß auch die Tage eingerechnet werden, an denen infolge höherer Gewalt nicht geladen werden kann[101].

Höhere Gewalt unterbricht auch den Lauf der Ladezeit, wenn die Charter die Klausel "as fast as" enthält[102].

Es wird allgemein angenommen, daß sich das infolge höherer Gewalt eintretende Hindernis unmittelbar auf die Beladung beziehen muß[103]. So haben z. B. eine technische Störung in der Fabrik, die die Güter beschafft, oder ein Streik der Transportarbeiter keinen Einfluß auf den Lauf der Ladezeit.

Wird die Beladung durch zufällige Umstände kostspieliger, schwieriger oder zeitraubender, so wird der Ablauf der Ladezeit nicht beeinflußt[104].

---

98 Für die Löschzeit gilt entsprechend Art. 129 Abs. 3 K. I. N. D.

99 Auch nach den „Regeln von Athen" wird die Ladezeit durch höhere Gewalt gehemmt. Nach Rule 10 S. 315 heißt es: "The operation of lay-time is interrupted by any unforseeable and insurmountable event which makes the reasonable handling of the goods impossible." Der Begriff der "force majeure" ist unbekannt im Common Law.

100 *Papamichalopoulos* S. 35, 79 und die dort angeführte Rechtsprechung.

101 Vgl. *Ripert* II Nr. 1538, S. 449, unter ausführlicher Darstellung der französischen und belgischen Rechtsprechung.

102 *Aisenstein* S. 139.

103 OLG Athen 1837/1951 E. Emp. D. 1952, 278; LG Athen 6594/1950 E. Emp. D. 1951, 174 mit Anm. von *Tsangaris;* vgl. auch *Smeesters-Winkelmolen* II Nr. 510, S. 62—63; *Papamichalopoulos* S. 76. Nach *Smeesters-Winkelmolen* II Nr. 510, S. 63, kann ausnahmsweise ein Hindernis die Ladezeit unterbrechen, obwohl es den Transport und nicht die Beladung betrifft: «Dans un port où ne s'embarquent que des produits miniers, et où la marchandise à charger arrive chaque jour par wagon, sans qu'il soit possible de se la procurer autrement, un arrêt des expéditions par chemin de fer serait de nature à suspendre la starie.»

104 Vgl. *Ripert* II Nr. 1543, S. 454; *Papamichalopoulos* S. 76; LG Piräus 212/1920 Themis ΛB, 155.

Es muß tatsächlich unmöglich gewesen sein, Ladung ans Schiff zu liefern oder vom Schiff an Land zu befördern, damit die Lade- oder Löschzeit unterbrochen wird.

II. Hindernisse im einzelnen

Einige Ereignisse verdienen eine besondere Erörterung, und zwar in zweifacher Hinsicht: einerseits bezüglich der Frage der gesetzlichen Regel und andererseits bezüglich der Auslegung der betreffenden Charterklauseln. Zu diesen Ereignissen zählen: Streik, Krieg, Naturereignisse und behördliche Anordnungen. Was die gesetzliche Regelung anlangt, gelten die bereits oben dargelegten allgemeinen Grundsätze. Es ist jedoch von großer praktischer Bedeutung zu sehen, wie diese Grundsätze bei den einzelnen Hindernissen angewandt werden.

1. Streik

a) Gesetzliche Regelung

Wird die Beladung durch Streik verhindert, so fragt es sich, wer die Folgen der Verzögerung zu tragen hat.

In Deutschland ist entscheidend, ob der Streik verhindert, a) daß der Verfrachter die Ladung übernimmt oder b) daß der Befrachter seine Ladung anliefert.

Im ersten Fall wird die Ladezeit unterbrochen[105], im zweiten hingegen geht der Streik zu Lasten des Befrachters[106]. Wie bereits erwähnt, ist § 573 Abs. 2 Nr. 1 HGB für den Befrachter ohne praktische Bedeutung, da demnach ein Streik, der die Lieferung jeder Art von Ladung verhindert, zwar die Ladezeit unterbricht, der Verfrachter aber auch in diesem Fall Liegegeld fordern kann.

In England und in den Vereinigten Staaten fällt jede Verzögerung durch zufälligen Streik dem Befrachter zur Last, wenn vertraglich eine fixe Ladezeit vereinbart ist[107]. In diesem Fall erfährt der Lauf der Ladezeit keine Unterbrechung, auch wenn die Übernahme der Ladung durch Streik verhindert ist. Bei einer nicht fixen Ladezeit trägt aber der Befrachter nicht das Risiko eines von ihm nicht verschuldeten Streiks[108].

---

[105] Wird der Ladebetrieb bei einem Streik der Schiffsmannschaft durch die nicht streikenden Offiziere ausgeführt, so ist die Übernahme nicht verhindert, mit anderen Worten, das Schiff ist ladebereit; Schiedsspruch 26. 5. 1932 HRGZ 1932 B Sp. 553—560.

[106] Vgl. *Schaps-Abraham* Anm. 10 zu § 573, S. 368; *Capelle* S. 230; *Peters* S. 120.

[107] Vgl. *Scrutton* S. 315 ff.; *Carver* S. 999 ff.

[108] *Scrutton* S. 319 ff.; *Carver* S. 1033 ff.

Nach französischem, belgischem und griechischem Recht wird die Ladezeit unterbrochen, wenn der Streik sich als höhere Gewalt darstellt[109]. Es fragt sich nun, wann ein Streik als höhere Gewalt anzusehen ist. Es wird angenommen, daß ein Streik den Lauf der Ladezeit unterbricht, wenn er die folgenden Voraussetzungen erfüllt:

1. Allgemein: Es müssen sämtliche Arbeiter des Ladehafens oder alle Arbeiter der betreffenden Gewerkschaft streiken[110]. Streiken nur die Arbeiter des bestimmten Befrachters, so bildet dies keinen Grund für eine Verlängerung der Ladezeit[111], weil der Befrachter in solchen Fällen den Streik durch Zugeständnisse gegenüber den Streikenden beenden kann. Es kann keine höhere Gewalt anerkannt werden, wenn andere Schiffe beladen oder entlöscht wurden, auch wenn dies durch höhere Kosten ermöglicht wurde. Der Streik stellt jedoch selbst als Teilstreik dann höhere Gewalt dar, wenn die streikenden Arbeiter solche Funktionen ausüben, daß die Beladung ohne ihre Mitwirkung absolut unmöglich wird[112].

Der Streik übt keinen Einfluß auf die Ladezeit aus, wenn er nicht die Verladung, sondern die Erzeugung oder den Transport der Güter betrifft[113]. Der Befrachter wird demnach immer mit Streiks belastet, wenn

[109] Sentence arbitrale, 25 novembre 1966, D. M. F. 1967, 631; *Rodière* I Nr. 236, S. 262; *Ripert* II Nr. 1546, S. 457; *Aisenstein* S. 154; *Smeesters-Winkelmolen* II Nr. 514, S. 68; *Tsangaris* S. 236.

[110] Vgl. C. A. Aix, 13 février 1922, R. I. D. M. XXXIV, 621 (624): «Attendu que la grève constitue un cas de force majeure qui suspend le cours des staries lorsque l'arrêt de travail a été généralisé et n'est imputable à la partie qui s'en prévaut; que pour que la grève soit réputée générale, il n'est pas nécessaire que la cessation du travail soit complète et absolue; qu'il faut uniquement que le travail n'ait pas pu s'exécuter pour l'ensemble de la corporation intéressée sans qu'il y ait lieu de rechercher si certains chantiers, favorisés par les circonstances, n'ont pas été forcés de chômer.»; vgl. auch *Ripert* II Nr. 1547, S. 458; *Tsangaris* S. 236. Ohne Bedeutung ist, ob es sich um einen wirtschaftlichen, politischen oder Sympathiestreik handelt.

[111] LG Patras 652/1953 E. Emp. D. 1953, 248; *Lyon-Caen-Renault* Bd. V Nr. 791; *Smeesters-Winkelmolen* II Nr. 514, S. 68; *Ripert* II Nr. 1547, S. 458; *Tsangaris* S. 236; *Papamichalopoulos* S. 92.

[112] Trib. com. Sète 27 février 1923, Dor Sup. 1, 423; *Ripert* a. a. O.; *Papamichalopoulos* a. a. O.; anders aber, wenn die Beladung bzw. Entlöschung trotz des Streiks ausgeführt wurde: C. A. Rennes, 18 décembre 1931, Dor Sup. 10, 87: «C'est ... en vain qu'il (l'affréteur) se prévaut d'une grève des dockers de charbon, particulière à son navire, lorsqu'il est prouvé que le déchargement avait été commencé à l'aide de grues établies sur son propre quai, par son personnel, sans aucune intervention extérieure, ...»

[113] OLG Athen 1837/1951 E. Emp. D. 1952, 278; LG Athen 6594/1950 E. Emp. D. 1951, 174; *Smeesters-Winkelmolen* II Nr. 514, S. 68; *Papamichalopoulos* S. 92; vgl. auch *Smeesters-Winkelmolen* II Nr. 510, S. 63: «La convention qu'il a conclue avec l'usine, avec le batelier, est chose tierce pour l'armement.»

sie außerhalb des Hafens ausbrechen und die Beladung nur mittelbar beeinflussen.

Eine Unterbrechung der Ladearbeiten zur Ausübung des Wahlrechts durch die Arbeiter führt nicht zu einer Hemmung der Ladezeit, es sei denn, daß die Unterbrechung allgemein und verbindlich für alle Hafenarbeiter ist[114]. In solchen Fällen ist die Beladung nicht tatsächlich unmöglich; es geht um eine Erschwerung, die nicht zu einer Unterbrechung der Ladezeit führen kann.

2. Unvoraussehbar: Ein Streik stellt, auch wenn er allgemein ist, keine höhere Gewalt dar, wenn die Vertragsparteien ihn voraussehen konnten[115]. Er muß plötzlich ausbrechen, damit die Ladezeit unterbrochen wird. Die Gerichte berücksichtigen daher, ob der Streik vor oder nach der Unterzeichnung des Vertrages ausbrach. Der Streik, der vor der Unterzeichnung des Vertrages begann, übt keinen Einfluß auf den Lauf der Ladezeit aus[116]. Abzulehnen ist die Ansicht[117], daß der Verfrachter die Gefahr übernimmt, wenn er bei Unterzeichnung des Vertrages vom Streik weiß. Dies gilt gerade für den Befrachter, der die Pflicht hat, die Güter anzuliefern.

Der allgemeine und unvoraussehbare Streik unterbricht also die Lade- und Löschzeit[118]. Dies erscheint vor allem dann gerechtfertigt, wenn der heutige Charakter des Streiks berücksichtigt wird. Nach der Entwicklung der Gewerkschaften brechen Streiks nicht nur aus wirtschaftlichen, sondern auch aus politischen Gründen oder aus Sympathie[119] zu anderen Arbeitern aus.

---

[114] Trib. com. Anvers, 26 février 1931, Dor 24, 156.

[115] Sentence arbitrale, 2 novembre 1966, D. M. F. 1967, 631 (633): «Attendu que le chargement du navire a été interrompu à X par un mouvement de grève ...; que l'arrêté de fret ne contient aucune clause de grève; que les affréteurs n'apportent aucun élément de preuve de nature à faire tenir cette grève pour imprévisible et irrésistible; qu'elle n'est donc pas de nature à suspendre le cours des staries»; vgl. auch *Rodière* I Nr. 236, S. 262; *Aisenstein* S. 155; *Ripert* II Nr. 1547, S. 458; *Tsangaris* S. 236.

[116] *Ripert* a. a. O.; *Rodière* a. a. O.; *Aisenstein* S. 156; *Papamichalopoulos* S. 91.

[117] Siehe die bei *Smeesters-Winkelmolen* II Nr. 515, S. 73, angeführte Rechtsprechung.

[118] Das gleiche gilt auch für die Aussperrung (lock-out) von Arbeitern, wenn sie eine höhere Gewalt darstellt; Cour de Cassation, 30 janvier 1929, Dor Sup. 7, 148; Trib. com. Dunkerque, 20 septembre 1926, Dor Sup. 4, 740; *Rodière* I Nr. 238, S. 265; *Lyon-Caen-Renault* Bd. V Nr. 791; *Papamichalopoulos* S. 96; a. A. *Tsangaris* S. 237. Verfügt aber der Befrachter über eigene Arbeiter und sperrt er selbst aus, so kann von höherer Gewalt nicht mehr die Rede sein, und die Ladezeit wird nicht unterbrochen; vgl. *Rodière* a. a. O.; *Ripert* II Nr. 1548, S. 460.

[119] Siehe die Zitate unten S. 83 Fußn. 128.

Wie oben gesagt, kann der Befrachter sich nicht auf den Streik berufen, wenn andere Schiffe in demselben Hafen beladen oder entlöscht wurden. Heute ist es jedoch möglich, daß sich ein allgemeiner Streik auf eine bestimmte Kategorie von Schiffen bezieht. In diesem Fall werden die anderen Schiffe beladen oder entlöscht. Der Streik sollte auch in solchen Fällen als höhere Gewalt angesehen werden, dies allerdings unter der Voraussetzung, daß kein Schiff von der betreffenden Kategorie beladen oder entlöscht wurde.

b) Streikklauseln

Das Klauselrecht enthält verschiedene Bestimmungen hinsichtlich des Streiks[120]. Mit ihrer Auslegung hat sich die Rechtsprechung der Schifffahrtsländer immer wieder beschäftigt.

aa) Klauseln zugunsten des Befrachters

Die Befrachter versuchten durch Vereinbarung entsprechender Klauseln, von der Ladezeit die Zeit auszunehmen, während derer die Beladung des Schiffes durch Streik verhindert ist. So heißt es z. B. in Benacon 11:

"If the Cargo cannot be loaded and/or discharged by reason of a strike or lock-out of any class of workmen essential to the loading and/or discharge of the Cargo, ... the time for loading and/or discharging shall not count during the continuance of such strike or lock-out ... (a strike or lock-out of the shippers' and/or receivers' men only shall not exonerate them from any demurrage for which they may be liable under this Charter-Party if by the use of reasonable diligence they could have obtained other suitable labour), and in case of any delay by reason of the before-mentioned causes, no claim for damages shall be made by the shippers, the receivers of the Cargo, the owners of the ship, or by any other party under this Charter-Party"[121].

Enthält die Charter die obige Klausel, so geht die Verzögerung durch einen Streik zu Lasten des Verfrachters. Bei der Auslegung der Streikklauseln stößt man auf vielfache Schwierigkeiten. Es fragt sich zunächst, ob der Befrachter versuchen muß, den Streik durch Zugeständnisse gegenüber den Streikenden zu beendigen. Die Frage ist von großer praktischer Bedeutung, denn wenn den Befrachter eine solche Pflicht trifft, so stellt deren Verletzung u. U. ein Verschulden dar, und er kann sich folglich nicht auf die Streikklausel berufen.

Die Meinung[122], daß Zugeständnisse zumutbar seien, ist abzulehnen. Sie beruht auf einer für den Verfrachter sehr günstigen Auslegung einer Klausel, die zugunsten des Befrachters vereinbart wird. Diese Meinung übersieht, daß der Befrachter gerade die Streikklausel vereinbart, um

[120] Die Aussperrung wird in den Charterpartien ebenso wie der Streik geregelt.
[121] Ebenso Pixpinus 5.
[122] *Peters* S. 164.

durch Streiks entstehende Kosten während der Ladezeit zu vermeiden. Es kann nicht der Sinn der Klausel sein, daß der Befrachter beim Abschluß des Frachtvertrages die Verpflichtung übernehmen wollte, Zugeständnisse gegenüber den Streikenden zu machen, denn das Streikrisiko wollte er gerade auf den Verfrachter abwälzen.

Wie richtig *Smeesters-Winkelmolen* hervorhebt:

«La portée la plus efficace de la clause de grève est, semble-t-il, de mettre l'affréteur à l'abri du grief qu'on peut élever contre lui et que la jurisprudence retient en l'absence de pareille clause, à savoir qu'il dépend de lui d'éviter la grève en cédant aux exigences des grévistes»[123].

Damit die Klausel eingreift, muß sich der Streik aber gerade auf die Hafenarbeiter beziehen, die für die Beladung wesentlich sind, und nicht auf andere Hafenarbeiter oder gar Arbeiter außerhalb des Hafens[124] (z. B. Transportarbeiter). Wollen die Kontrahenten, daß die Streikklausel auch solche Verzögerungen umfaßt, so muß dies ausdrücklich vereinbart werden[125].

Die Klausel kommt ferner nur dann zur Anwendung, wenn die Verzögerung unmittelbar durch den Streik verursacht wurde[126]. Der Befrachter kann sich nicht auf die übliche Streikklausel berufen, wenn die

---

[123] *Smeeesters-Winkelmolen* II Nr. 515, S. 73; vgl. auch Trib. com. Rouen, 30 novembre 1932, Dor Sup. 11, 84; *Ripert* II Nr. 1549, S. 460—461; *Capelle* S. 233; *Poor* S. 114—115; *Tiberg* S. 382.

[124] Bunge y Born Co. v. Brightman (1925) 22 Ll. L. Rep. 395; Ivamy Law Journal 1959 S. 339; *Smeesters-Winkelmolen* II Nr. 515, S. 72.

[125] Bunge y Born Co. v. Brightman a. a. O. S. 396: "The general rule is absolutely authoritative to the effect that if you wish to make an exception clause apply to the providing of cargo as distinguished from the loading proper, you must do so in words so clear as to admit of no ambiguity." Dies kann dadurch geschehen, daß die Charter folgende Klausel enthält: "... Charterers shall not be responsible for any delay if the cargo cannot be provided, delivered, loaded or discharged by reason of strikes ...".

[126] *Carver* S. 547; *Chorley-Giles* S. 140; *Summerskill* S. 184; *Peters* S. 164; *Capelle* S. 233; vgl. aber die Entscheidung im Fall Reardon Smith Line v. Ministry of Agriculture (1961) 1 Lloyd's Rep. 385 (C. A.); in diesem Fall, in dem die Elevatoren-Arbeiter streikten, waren zwei von den sieben Elevatoren während der ganzen Zeit in Betrieb. Das Weizen-Kontor entschied, daß diese beiden Elevatoren nur die im Liniendienst fahrenden Schiffe bedienen durften. Die Behauptung der klagenden Reedereien, daß die Anordnung des Weizen-Kontors die Ursache der dreimonatigen Verzögerung war und der Befrachter sich folglich auf die Streikklausel nicht berufen könnte, wurde vom Gericht zurückgewiesen. Die Streikklausel lautete aber im vorliegenden Fall: "Lay or working days shall not count ... during any time when ... the loading of the cargo ... is delayed by ... strikes ... or any other hindrance of whatsoever nature beyond the charterers' controll."

Ursache des Zeitverlustes darin zu sehen ist, daß der Hafen infolge eines Streiks überfüllt ist[127].

Es ist allerdings nicht erforderlich, daß die Streikenden wegen wirtschaftlicher Forderungen in den Streik getreten sind. Auch ein Sympathiestreik stellt einen Grund für die Entlastung des Befrachters dar[128].

Ohne Bedeutung für die Anwendung der Streikklausel ist es, ob der Streik ungesetzlich ist oder die Gewerkschaft ihn nicht anerkannte[129].

Es fragt sich nun, ob der Streik allgemein sein muß oder nicht. Nach *Peters* S. 163 soll gelten: „Der Streik muß allgemein sein und alle Arbeitskräfte der in der Klausel genannten Gruppe erfassen ... Streikt nur ein Teil der Arbeiter, kann der Befrachter nicht geltend machen, daß er infolge des Mangels an verbliebenen Arbeitskräften keine Leute habe einstellen können"[130].

Die Gegenmeinung[131] hält es für zulässig, daß die Klausel auch zur Anwendung kommt, wenn die Ladezeit durch einen Teilstreik überschritten worden ist. Auch eine Reihe von Gerichten[132] hat entschieden, ein Teilstreik genüge für die Anwendung der Klausel. So hat die Cour d'Appel Rouen[133] in einem Urteil vom 21. Januar 1938 ausgeführt:

«Attendu ... qu'il s'agit d'une convention formelle d'exonération des surestaries, lorsque la grève, même partielle, aura mis obstacle au déchargement du navire, à l'aide des moyens habituels et normaux, que les parties ont pu envisager, au moment de la convention».

Hingegen hat sich ein Teil der französischen Gerichte auf den Standpunkt gestellt, ein Streik müsse nicht nur allgemein, sondern auch unvor-

---

[127] Vgl. *Capelle* S. 233; *Peters* S. 164—165; *Carver* S. 548; *Tiberg* S. 384; vgl. auch HansOLG 9. 12. 1925 HRZ 1926 Sp. 260—265.

[128] Seeberg v. Russian Wood Agency (1934) 50 Ll. L. Rep. 146. Die Weigerung der Arbeiter, die Beladungsarbeiten aus Furcht vor Cholera durchzuführen, stellt keinen Streik dar; vgl. *Carver* S. 546.

[129] See- und Handelsgericht Kopenhagen Hansa 1953 S. 1339; Schemeil & Co. v. Dixon & Cardus (1921) 6 Ll. L. Rep. 180; *Tiberg* S. 383; *Peters* S. 163.

[130] Auch auf S. 165 verlangt *Peters,* daß der Streik „allgemein und für den Befrachter unvermeidbar" sein muß.

[131] *Ripert* II Nr. 1549, S. 460—461; *Rodière* I Nr. 237, S. 264; *Smeesters-Winkelmolen* II Nr. 515, S. 71—73; *Papamichalopoulos* S. 95; vgl. auch *Tiberg* S. 383.

[132] C. A. Rouen, 26 janvier 1938, Dor Sup. 16, 77; Schemeil & Co. v. Dixon & Cardus (1921) 6 Ll. L. Rep. 180 (181); vgl. auch Reardon Smith Line v. Ministry of Agriculture (1961) 1 Lloyd's Rep. 385 (C. A.) = Hansa 1961 S. 2182; in H. L. (1963) 1 Lloyd's Rep. 12 = Hansa 1963 S. 627.

[133] C. A. Rouen a. a. O. S. 78.

aussehbar sein, mit anderen Worten den Charakter von höherer Gewalt haben[134].

Diese Stellungnahme wurde im Schrifttum[135] scharf kritisiert. Es wurde dagegen eingewandt, daß eine Klausel für den Fall höherer Gewalt dann keinen Nutzen für den Befrachter habe, weil er in solchen Fällen ohnehin von seinen Verpflichtungen befreit werde. Bei der Streikklausel brauche der Streik weder allgemein noch unvoraussehbar zu sein[136]. Der Befrachter werde auch geschützt, wenn beim Abschluß des Frachtvertrages bereits gestreikt wurde[137].

Später hat das höchste französische Gericht die oben erwähnte Stellungnahme aufgegeben[138].

Die Auslegung, daß die Anwendung der Klausel keinen allgemeinen Streik voraussetze, erscheint richtig. Die Tatsache, daß ein Teilstreik nicht jeden Befrachter, sondern nur diesen bestimmten an der Lieferung der Güter hindert, schließt die Anwendung der Klausel nicht aus. Zweck der Streikklausel ist es, den bestimmten Befrachter zu schützen, falls die Ladearbeiten durch Streik verzögert werden. Die entscheidenden Punkte, die die Gerichte berücksichtigen sollten, sind: a) ob die Verzögerung wirklich durch den Streik verursacht wurde, b) ob der Befrachter eine "reasonable diligence" prästierte, um die Beladung möglich zu machen.

Es genügt also nicht, daß bloß ein Streik ausgebrochen ist. Der Befrachter darf nicht untätig auf das Ende des Streiks warten. Falls geeignete Ersatzleute zur Verfügung stehen oder die Beladung mit anderen gewöhnlichen Mitteln im Hafen möglich ist, findet die Klausel keine Anwendung[139].

Es ist aber zu betonen, daß der Befrachter nicht verpflichtet ist, zur Vermeidung des Streiks Ausgaben zu machen und außergewöhnliche Mittel zu gebrauchen, mit denen er beim Abschluß des Vertrages nicht gerechnet hatte[140].

---

[134] Cour de Cassation (ch. req.), 31 octobre 1905, R. I. D. M. XXI, 278; Trib. com. Seine, 3 mai 1923, Dor Sup. 1, 302.

[135] *Ripert* II Nr. 1549, S. 460—461; *Rodière* I Nr. 237, S. 264; *Smeesters-Winkelmolen* II Nr. 515, S. 72—73.

[136] Wie *Ripert* a. a. O. S. 461 hervorhebt: «La clause de grève, telle qu'elle est interprétée par la Cour de cassation, ne présente plus pour l'affréteur aucune utilité.»

[137] *Smeesters-Winkelmolen* II Nr. 515, S. 73; vgl. Reardon Smith Line Ltd. v. Ministry of Agriculture (1961) 1 Lloyd's Rep. 385 (C. A.); in H. L. (1963) 1 Lloyd's Rep. 12.

[138] Cour de Cassation (ch. req.), 26 juin 1933, Dor. Sup. 11, 388.

[139] Vgl. *Scrutton* S. 231; *Carver* S. 547.

[140] Trib. com. Alger, 27 mars 1929, Dor Sup. 7, 220: «. . . il n'y a pas lieu de condamner ce dernier (le réceptionnaire) au paiement de surestarie, lorsque le

Es fragt sich ferner, ob der Befrachter, falls durch einen Streik nur die zur Anlieferung bestimmte Ladung nicht geladen werden kann, eine andere Art von Ladung beschaffen muß.

Die neue englische Rechtsprechung ist geteilt. Im Falle South African Dispatch Line v. S. S. Niki[141] wurde entschieden, daß der Befrachter, wenn er eine Art von Gütern wegen eines Streiks nicht anliefern kann, zu einer der anderen vorgesehenen Ladungsarten übergehen muß. Die Charter enthielt in diesem Falle folgende Klausel 4:

"... charterers shall not be responsible for any delay if the cargo intended for shipment under this charterparty cannot be provided, delivered, loaded or discharged by reason of riots, strikes or lock-outs of any class of workmen or stoppage of labour connected in any way with or essential to the providing, delivering, loading or discharging of the cargo ...".

Die Charterer beorderten das Schiff nach Victoria, um eine Partie Holz abzuladen. Die Holzladung konnte aber wegen eines Streiks der Holzarbeiter nicht geladen werden, und das Schiff lag vom 16. Juni bis zum 30. Juli 1952 in Victoria. Die Charterer weigerten sich, Liegegeld zu zahlen und beriefen sich auf die obige Streikklausel 4. Das Gericht hat folgenden Standpunkt eingenommen[142]:

"The delay in clause 4 is delay in the performance of obligation which, under this charter-party, is an obligation to provide any number of alternative cargoes ... if therefore, the particular cargo in this case, timber, could not be provided, they (the charterers) were under the duty to provide another. Their inability to provide the intended cargo may result, and would result, in their having a reasonable time to make alternative arrangements to provide another cargo. But it seems to me that that, and that only, is ... the extent of the delay caused by a strike affecting only one of the alternative cargoes which the charterers are entitled, and indeed under a duty, to supply. In this case, the strike affected only timber or lumber. It did not affect wheat or any other of the cargoes concerned".

Die Streikklausel umfaßt also nach Auffassung des Gerichts in solchen Fällen nur einen angemessenen Zeitraum für die Beschaffung einer anderen Ladung. Zu dieser Entscheidung ist zu bemerken, daß das Recht des

---

retard subi par le navire porteur d'une cargaison de charbon est dû à la grève des ouvriers charbonniers du port de destination, laquelle a entravé les opérations de déchargement, et, dans ces conditions, il n'y a pas lieu pour le Tribunal de rechercher si le déchargement du navire aurait été possible à la rigueur et par des procédés extraordinaires (tels qu'emploi de grues flottantes).»; vgl. auch *Papamichalopoulos* S. 95.

[141] (1958) 2 Lloyd's Rep. 401 (Q. B.) = Hansa 1959 S. 1048; im C. A. (1959) 2 Lloyd's Rep. 663 = Hansa 1960 S. 294; vgl. über die gleiche Sache *Bonassies* D. M. F. 1963 S. 308; Ivamy Law Journal 1959 S. 339.

[142] (1959) 2 Lloyd's Rep. 669. Der Court of Appeal bestätigte die Stellungnahme der Queen's Bench Division.

Befrachters, die Ladung zu wählen, dann eine Verpflichtung für ihn darstellt, eine andere von den vereinbarten Güterarten anzuliefern, wenn der gewählten Ladung ein Streik entgegensteht.

Die englische Rechtsprechung hat aber neuerdings im Falle Reardon Smith Line Ltd. v. Ministry of Agriculture[143] entschieden, daß der Befrachter nicht verpflichtet ist, eine Weizenladung durch Gerste zu ersetzen, wenn der Weizen wegen Streiks nicht geladen werden kann. Es heißt:

"that the charterers did in fact intend to load wheat in bulk; that the supply or bringing to the port of loading or alongside the vessel or the loading of that intended cargo was delayed by the specific exceptions; that, therefore, the clause operated and must be given its literal effect; and that accordingly no obligation to exercise any of the alternative cargoes options was imposed on the charterers"[144].

Schließlich bleibt noch die Frage zu prüfen, ob der Befrachter verpflichtet ist, das Schiff nach einem anderen streikfreien Hafen zu beordern, falls der Ladehafen bereits bestreikt wird.

Hierzu gilt nach *Peters* S. 164: „Benennt der Befrachter, dem die Wahl zwischen mehreren Ladehäfen eingeräumt ist, einen Hafen, in dem Streik herrscht, obwohl er auch einen streikfreien Hafen hätte auswählen können, so darf er sich nicht auf die Streikklausel berufen."

Dagegen hat sich die neue englische Rechtsprechung entschieden[145]. Während des Vancouver-Strike, der drei Monate andauerte, kamen in Vancouver 31 Schiffe an, um Getreide zu laden. Das Gericht beschäftigte sich mit der Frage, ob die Befrachter die Schiffe noch nach Vancouver beordern durften, nachdem im Hafen schon lange gestreikt wurde. Die Richter haben entschieden, daß sich aus dem Vertrag keinerlei Beschränkungen für das Wahlrecht des Befrachters ergäben, auch diejenigen Häfen zu bestimmen, in denen Streik herrschte[146]. Wenn der Befrachter wie im vorliegenden Fall berechtigt ist, den Ladehafen nachträglich

---

[143] (1959) 2 Lloyd's Rep. 229 (Q. B.); im C. A. (1961) 1 Lloyd's Rep. 385 = Hansa 1961 S. 2182; im H. L. (1963) 1 Lloyd's Rep. 12 = Hansa 1963 S. 627; vgl. auch über die gleiche Sache *Bonassies* D. M. F. 1963 S. 311.

[144] (1961) 1 Lloyd's Rep. 387.

[145] Reardon Smith Line Ltd. v. Ministry of Agriculture (The Vancouver Strike cases) (1959) 2 Lloyd's Rep. 229 (Q. B.); im C. A. (1961) 1 Lloyd's Rep. 385; vgl. über die gleiche Sache *Bonassies* D. M. F. 1963 S. 310.

[146] (1961) 1 Lloyd's Rep. 386 (C. A.): "... that, having regard to the authorities and to the express provision in Clause 31 dealing with delay by strikes, it was quite impossible to imply into those charter-parties any such limitation upon the charterers' rights as was contended for by the shipowners or to impose an obligation upon the Charterers to make a fresh nomination when the port originally nominated became Strike-bound".

innerhalb eines gewissen Gebietes zu bestimmen, setzt eine Beschränkung seines Wahlrechts eine ausdrückliche Vereinbarung voraus. Der Befrachter ist nicht verpflichtet, bei der Anweisung des Ladehafens das Interesse des Verfrachters zu berücksichtigen; er darf nur keinen "unsafe" Hafen wählen[147].

Dies ist die Ansicht der Rechtsprechung, und sie scheint gerechtfertigt zu sein. Sofern nichts anderes vereinbart ist, fällt die Annahme schwer, der Befrachter müsse einen streikfreien Hafen anweisen, falls der gewählte Hafen bestreikt wird. Dagegen spricht nämlich die Tatsache, daß die Anweisung eines anderen Hafens in der Regel mit erheblichen Kosten für den Befrachter verbunden ist. Da ein Streik aber ein vorübergehendes Hindernis ist, erwartet der Befrachter naturgemäß, daß er in Kürze beendet wird.

bb) Klauseln zugunsten des Verfrachters

Wir sahen oben die Streikklauseln, die für den Befrachter günstig sind. Es liegt auf der Hand, daß die Interessen des Verfrachters durch einen lang anhaltenden Streik erheblich geschädigt werden, falls er warten muß, ohne Liegegeld fordern zu können. So suchten die Verfrachter ihrerseits, diesen Schaden durch Streikklauseln abzuwenden oder zumindest abzuschwächen. Darunter ist vor allem die Streikklausel der sehr verbreiteten Gencon-Charter zu erwähnen. Sie lautet:

"Neither Charterers nor Owners shall be responsible for the consequences of any strikes or lock-outs preventing or delaying the fulfilment of any obligations under this contract.

If there is a strike or lock-out affecting the loading of the cargo, or any part of it, when vessel is ready to proceed from her last port or at any time during the voyage to the port or ports of loading or after her arrival there, Captain or Owners may ask Charterers to declare, that they agree to reckon the laydays as if there were no strike or lock-out. Unless Charterers have given such declaration in writing (by telegram, if necessary) within 24 hours, Owners shall have the option of cancelling this contract. If part cargo has already been loaded, Owners must proceed with same, (freight payable on loaded quantity only) having liberty to complete with other cargo on the way for their own account.

If there is a strike or lock-out affecting the discharge of the cargo on or after vessel's arrival at or off port of discharge and same has not been settled within 48 hours, Receivers shall have the option of keeping vessel waiting until such strike or lock-out is at an end against paying half demurrage after expiration of the time provided for discharging, or of ordering the vessel to a safe port where she can safely discharge without risk of being detained by strike or lock-out. Such orders to be given within 48 hours after Captain or Owners have given notice to Charterers of the strike or lock-out affecting the discharge.

---

147 Siehe auch oben S. 12.

On delivery of the cargo at such port, all conditions of this charterparty and of the Bill of Lading shall apply and vessel shall receive the same freight as if she had discharged at the original port of destination, except that if the distance of the substituted port exceeds 100 nautical miles, the freight on the cargo delivered at the substituted port to be increased in proportion"[148].

Bei der Auslegung der General Strike Clause der Gencon-Charter entstehen Streitigkeiten hinsichtlich des ersten und dritten Absatzes. Es fragt sich hier: a) ob die ersten 48 Stunden des Streiks als Löschzeit zählen oder die Löschzeit während der 48-Stunden-Frist unterbrochen wird, b) ob das halbe Liegegeld nur für die Zeit, während derer der Streik tatsächlich andauert, oder für die ganze Verzögerung im Löschhafen zu zahlen ist.

Die englische Rechtsprechung hat vor kurzem im Fall Salamis Shipping (Panama) S. A. v. Edm. van Meerbeeck & Co. S. A. (The "Onisilos")[149] die Klausel zugunsten des Verfrachters ausgelegt. Der erste Absatz beziehe sich nicht auf die Zeitzählung, sondern auf Verluste oder Schäden, die durch den Streik oder die Aussperrung verursacht wurden[150]. Der Empfänger kann sich demnach also nicht auf den ersten Absatz berufen und Liegegeld vermeiden, falls der Streik weniger als 48 Stunden gedauert hat. Er kann sich auch nicht auf den dritten Absatz berufen und geltend machen, daß die ersten 48 Stunden nicht als Löschzeit zählten, weil sich die 48stündige Frist nicht auf die Zeitberechnung beziehe, sondern den Empfängern lediglich eine Überlegungsfrist gäbe, das Schiff entweder gegen Bezahlung des halben Liegegeldes bis zur Beendigung des Streiks warten zu lassen oder nach einem anderen streikfreien Hafen zu beordern[151]. Ferner hat die Queen's Bench Division entschieden, daß das Liegegeld in halber Höhe nur für die Streikzeit zu zahlen ist, während für die übrige Verzögerung das volle Liegegeld bezahlt werden muß.

---

[148] So und ähnlich Saltcon 17; Deutholzneu 11; Britcon 8; Scancon 13.

[149] (1970) 2 Lloyd's Rep. 405 (Q. B.).

[150] So heißt es in dem Gerichtsurteil der Queen's Bench Division vom 9. 10. 1970 (S. 408): "Paragraph 1 is necessary for completeness whether or not it has any effect in respect of the after effects of a strike. Thus, a strike of tugs or pilots may prevent a vessel reaching her loading or discharging port and a strike of seamen is not unknown... The use of the word 'consequences' does not necessarily connote 'after effects' and in my judgment means no more in this context than 'loss or damage' resulting from a strike or lock-out which prevents or delays the doing of something required to be done under the contract. So read, the clause makes complete sense, and if it is construed as being confined to prevention or delay caused directly by the strike rather than by its after effects, is coterminous in time with pars. 2 and 3 which deal with the special cases of loading and discharging and to this extent override par. 1. In my judgment, par. 1 should be so construed."

[151] Vgl. BIMCO Hansa 1971 S. 1283.

In gleicher Weise wird die Klausel auch von der Baltic and International Maritime Conference[152] ausgelegt. Die Löschzeit wird also bei der Gencon-Streikklausel nicht gehemmt, falls die Ladung infolge eines Streiks oder einer Aussperrung nicht gelöscht werden kann. Der Empfänger ist aber nur verpflichtet, das halbe Liegegeld für die Streikzeit zu bezahlen, falls die Löschzeit überschritten wird.
Zu den zugunsten des Verfrachters weitverbreiteten Streikklauseln gehören auch die "Baltcon Strike Rules"[153].
Die "Baltcon Strike Rules" unterscheiden[154]:

a) den Fall, daß der Streik bereits vor Ankunft des Schiffes im Ladehafen ausgebrochen ist;
b) den Fall, daß ein Streik bei oder nach Ankunft des Schiffes im Ladehafen ausbricht;
c) den Fall, daß ein Streik im Löschhafen bei oder nach Ankunft des Schiffes ausbricht.

---

[152] BIMCO Hansa 1971 S. 1283; a. A. *Peters* S. 168: „Die ersten 48 Stunden nach Ankunft des Schiffes gehen zwar in jedem Fall zu Lasten des Schiffes, wenn ein Streik (bzw. eine Aussperrung) die Entlöschung beeinträchtigt. ... Die Nichtanrechnung der ersten 48 Stunden folgt nicht unmittelbar aus dem Wortlaut der Bestimmung. Nach Absatz 1 zählt aber die Streikzeit grundsätzlich nicht. Die Ausnahme gilt nur, wenn der Streik 48 Stunden überdauert. Also bleibt es während dieser ersten 48 Stunden bei der Regel. Hierbei darf es keinen Unterschied machen, ob der Streik 47 oder 49 Stunden nach der Ankunft des Schiffes endet. Auch im zweiten Fall können die ersten 48 Stunden nicht nachträglich angerechnet werden."

[153] "RULE 1. — If a general strike exists affecting loading port before Vessel's arrival, Owners may give notice calling on Charterers to cancel Charter. Such cancelment to be declared by Charterers before Vessel leaves her last discharging port, or (where voyage to loading port normally exceeds 72 hours) then not less than 72 hours before expected time (as named by Owners) of Vessel's arrival at loading port. Should Charterers not cancel on Owner's notice, they shall pay half demurrage for all time lost after arrival off loading port and notice thereof given, through strike up to 6 days, and afterwards full demurrage, credit being given for any time saved in loading and Charterers having further option during strike to cancel Charter on giving not less than 24 hours' notice and paying all demurrage due, with a minimum of 2 days at said half rate, unless Owners elect to perform Charter and charge no further strike demurrage.
RULE 2. — If a strike exists at loading port on Vessel's arrival off port and Owners have not given notice under Rule 1 or commences thereafter, the first 48 hours thereby lost after such arrival and notice given or after the commencement of strike, if commencing after arrival, not to count for lay-time or demurrage. Thereafter Charterers to pay half demurrage for all further time lost through strike (whether Vessel has reached place of readiness or not) up to 6 days, and afterwards full demurrage, but if more than 48 hours be saved in

Durch die Regeln 1 und 2 wird das Streikrisiko im Ladehafen auf den Befrachter abgewälzt[155]. Der Befrachter muß von dem Wahlrecht Gebrauch machen, entweder vom Vertrag zurückzutreten oder je nach der Wartezeit das halbe oder das ganze Liegegeld zu bezahlen. Die Regel 4 enthält eine Sonderregelung für den Löschhafen. Die Verfrachter können, falls der Streik länger als 48 Stunden fortdauert, die Ladung "at the market price" im Löschhafen kaufen, aber nicht zur Lieferung in demselben Hafen[156].

Eine andere Gruppe von Klauseln schützt den Verfrachter nur, falls der Streik oder die Aussperrung bereits eine bestimmte Zeit gedauert haben. Die Abhilfe besteht darin, daß der Vertrag annulliert werden kann oder als annulliert gelten soll, jedoch nicht ab sofort, sondern nach einer Wartezeit von wenigen Tagen je nach dem Zeitpunkt, an dem der Streik ausgebrochen ist[157].

---

loading, credit to be given for such excess over 48 hours. Charterers also to have option to cancel Charter on giving not less than 24 hours' notice, expiring at any time during strike not earlier than the termination of the first 48 hours lost, Charterers paying all demurrage due to date, unless Owners elect to perform Charter and charge no further strike demurrage.

RULE 3. — Should any cargo have been shipped before cancelment under Rules 1 or 2, Owners to have option to deliver the same at destination on Charter conditions (freight pro rata on lump sum Charter) with liberty to complete at loading port or elsewhere for the same destination or any other port or to take same over at the f. o. b. market price of seven days before commencement of strike.

RULE 4. — If a strike exists at discharging port on or after Vessel's arrival off port and is not settled within 48 hours, Owners have option to take over the cargo at the current market price at port of discharge less freight, but not for delivery at same port."

154 Ausführlich über die Auslegung der "Baltcon Strike Rules" *Rordam* S. 76—82.

155 Die ersten 48 Stunden gehen ausnahmsweise nach Regel 2 Satz 1 zu Lasten des Schiffes.

156 Vgl. die Regel 4 der "Medcon Strike Rules".

157 Z. B. Baltwood 9 (b) bis (d): "(b) If there is a strike or lock-out interfering with the loading of the cargo at the loading port or ports when the Vessel is ready to proceed to the first loading port from her last outward port of discharge or from her bunkering port, if in ballast, the Shipowner shall, after the Vessel has waited three consecutive calendar days, have the option, wich shall be declared by telegram to the Charterers, of sending the Vessel to the loading port or cancelling the Charter forthwith.

(c) If a strike or lock-out affecting the loading of the cargo exists at the loading port on the Vessel's arrival there or commences before any cargo has been loaded and continues for six consecutive calendar days from the time of the Vessel's arrival, the Charter shall be cancelled forthwith.

2. *Naturereignisse*

a) Gesetzliche Regelung

Besonders häufige Hindernisse für die Beladung oder Entlöschung des Schiffes sind Naturereignisse wie Regen, Frost, Eis, starker Wind, Hochwasser und sonstiges schlechtes Wetter.

Nach deutschem Recht trägt beim Eintritt solcher Hindernisse der Verfrachter das Risiko, falls die Übernahme der Ladung verhindert wird. Umgekehrt gehen schlechte Wetterverhältnisse zu Lasten des Befrachters, wenn sie die Anlieferung der Ladung verzögern[158]. Wird also die Verladung nässeempfindlicher Güter wegen Regens verhindert, so geht diese Verzögerung zu Lasten des Befrachters[159].

Ausnahmsweise wird die Ladezeit unterbrochen, wenn die Anlieferung nicht nur der bedungenen, sondern jeder Art von Gütern infolge schlechten Wetters tatsächlich unmöglich ist (§ 573 Abs. 2 Nr. 1 HGB)[160]. So läuft die Ladezeit nicht, wenn die Anlieferung jeder Art von Ladung durch schwere Regenböen unmöglich wird[161]; der Befrachter hat jedoch Liegegeld zu zahlen (§ 574 Satz 1 HGB). Ist die Verladung wegen der bestehenden Eisverhältnisse besonders kostspielig oder sogar gefahrdrohend, so wird hierdurch der Lauf der Ladezeit nicht berührt[162]; es muß jegliche Verladung im Hafen unmöglich sein, damit die Voraussetzungen des § 573 Abs. 2 Nr. 1 HGB erfüllt sind.

Nach französischem, belgischem und griechischem Recht unterbricht das schlechte Wetter dann die Ladezeit, wenn es sich als höhere Gewalt darstellt und die Beladung absolut unmöglich macht[163]. Wann aber die Voraussetzungen höherer Gewalt vorliegen, ist nicht immer leicht festzustellen.

(d) If a strike or lock-out occurs at the loading port after part cargo has been loaded, and continues for six consecutive calendar days, the Vessel may proceed with the cargo then aboard, having liberty to fill up for Vessel's benefit at any other port or ports either for the same destination or for any other port or ports whether any of such ports are in the course of the chartered voyage or not, and the Shipowner shall advise the Charterers by telegram that the Vessel has left the port."

So und ähnlich Papierholzcharter 19; Russwood 9; Nubaltwood 9; Scanfin 8. Vgl. über diese Klauseln *Peters* S. 166.

[158] Vgl. §§ 573, 597 HGB; *Schaps-Abraham* Anm. 7 und 8 zu § 573, S. 367.

[159] Vgl. *Schlegelberger-Liesecke* Anm. 6 zu § 573, S. 246.

[160] Für die Entlöschung gilt entsprechend § 597 Abs. 2 Nr. 1 HGB.

[161] Vgl. *Peters* S. 117.

[162] *Sieveking* S. 61 und die dort angeführte Rechtsprechung; *Mittag* S. 54—55.

[163] Vgl. *Ripert* II Nr. 1539, S. 449; *Rodière* I Nr. 231, S. 258; *Smeesters-Winkelmolen* II Nr. 511, S. 64; *Tsangaris* S. 237; *Papamichalopoulos* S. 83; LG Piräus 133/1921 Themis ΛB S. 181; LG Piräus 212/1920 Themis ΛB S. 155.

In einer Entscheidung des Gerichts von Antwerpen wurde angenommen, daß ein Sturzregen, der die Beladung im Monat November in Antwerpen unmöglich machte, keine höhere Gewalt darstellte, weil ein Sturzregen in dieser Klimazone und zu dieser Jahreszeit ganz üblich sei und der Befrachter demzufolge dieses Hindernis beim Abschluß des Frachtvertrages voraussehen konnte[164].

Die Ladezeit läuft ununterbrochen, obwohl die Anlieferung der Ladung wegen Eises unmöglich ist, wenn der Befrachter das Schiff während der Eisperiode gechartert hat[165]. In diesem Fall kann man nicht von höherer Gewalt sprechen; der Befrachter sollte die Beladung für eine eisfreie Periode vereinbaren.

Nach einer Ansicht[166] sollen die Tage, die von den Hafenbehörden wegen schlechten Wetters als „Nichtwerktage" bezeichnet werden, bei der Berechnung der Löschzeit nicht in Betracht kommen, selbst wenn der Empfänger unter höheren Kosten und Gefahren gearbeitet hat. Dieser Meinung ist nicht zuzustimmen. Von einer Unmöglichkeit der Verladung oder Entlöschung kann nur gesprochen werden, wenn es wegen der Wetterverhältnisse für den Befrachter bzw. Empfänger tatsächlich unmöglich ist, die ihm zufallende Tätigkeit auszuüben. Es ist für die Berechnung der Lade- und Löschzeit bedeutungslos, ob von den Hafenbehörden einige Tage als „Nichtwerktage" bezeichnet werden, wenn während dieser Tage gearbeitet wurde. Ohne Bedeutung ist auch, ob die Beladung bzw. Entlöschung wegen des Unwetters schwieriger oder kostspieliger wurde.

Falls Sturzregen, Frost und sonstiges schlechtes Wetter Fälle höherer Gewalt darstellen, unterbrechen sie den Lauf der Ladezeit, auch wenn diese in "running days" vereinbart ist[167].

Nach englischem Recht kommt es für die Frage der Risikoverteilung unter den Parteien bei Naturereignissen entscheidend auf die Unterscheidung zwischen fixer und nicht fixer Ladezeit an[168]. Ist eine fixe Ladezeit vereinbart, so geht das schlechte Wetter immer zu Lasten des Be-

---

[164] Siehe diese Entscheidung bei *Smeesters-Winkelmolen* II Nr. 511, S. 64. Der Befrachter kann sich nicht auf das schlechte Wetter berufen, wenn ein anderes Schiff an demselben Tag gelöscht wurde: C. A. Alexandrie, 30 janvier 1924, Dor 6, 277.

[165] C. A. Dunkerque, 16 janvier 1928, Dor Sup. 6, 132. Das Zufrieren der Donau stellt keine höhere Gewalt dar, weil sich dies jedes Jahr zu einer bestimmten Periode wiederholt, so daß es nicht unvoraussehbar ist: High Court of Justice, 12. 4. 1923, Dor 3, 204.

[166] *Papamichalopoulos* S. 86 und die dort angeführte Rechtsprechung.

[167] *Smeesters-Winkelmolen* II Nr. 511, S. 66; anders C. A. Gênes, 19 janvier 1923, Dor 7, 460; *Papamichalopoulos* S. 87.

[168] Siehe oben S. 76.

frachters. Im Falle einer nicht fixen Ladezeit trägt aber der Befrachter dieses Risiko nicht, wenn das Laden durch ungünstiges Wetter verhindert wird. Der Befrachter kann sich jedoch auf das schlechte Wetter nicht berufen, wenn die Ladung nicht verschiffungsbereit liegt.

b) Die Klausel "weather permitting"

Zur Abwendung des Risikos, das die schlechten Wetterverhältnisse für den Befrachter darstellen, wird in den Charterpartien oft die Klausel "weather permitting" hinzugefügt[169].

Wird die genannte Klausel vereinbart, so werden die Tage, während derer die Beladungsarbeiten wegen schlechten Wetters verhindert werden, nicht in die Ladezeit eingerechnet. Zur Anwendung der Klausel ist es nicht erforderlich, daß jede Beladung oder die konkrete Beladung absolut unmöglich ist; es genügt, daß das schlechte Wetter die Anlieferung der Ladung besonders langsam, kostspielig oder gefahrdrohend macht[170]. Die Klausel "weather permitting" ist von großer Wichtigkeit für den Befrachter, wenn die Ladungsgüter wegen ihrer besonderen Eigenschaften (z. B. Zucker bei Regen) nicht geladen werden können[171]. Bedeutungslos ist es dabei, ob andere Schiffe mit anderen Ladungen beladen oder gelöscht werden.

---

169 So z. B. Saltcon 5: "Cargo to be brought alongside the vessel... and to be loaded at the average rate of ... tons per working day during the ordinary working hours of the port, weather permitting..." Ebenso Medcon 10, Propcon 5, Fertigon 3 u. a. Über die Klausel "weather working days" siehe oben S. 70. Das Eishindernis, aus dem während der Wintermonate häufig ein langer Zeitverlust für das Schiff entsteht, wird nicht selten durch besondere Eisklauseln geregelt. Sie sind klar abgefaßt, und ihre Auslegung bietet keine besonderen Schwierigkeiten. Die Rechte und Pflichten der Parteien sind ausführlich geregelt. Sie bestimmen, daß das Schiff nach dem nächstgelegenen Hafen zu fahren hat, wo die Ladung sicher geladen oder gelöscht werden kann, oder daß die Charterer das Schiff mit Eisbrecherhilfe zu versehen haben, oder es wird vorgesehen, daß das Schiff auf den Fortfall des Eises gegen Zahlung von Liegegeld wartet oder auch daß der Vertrag aufgehoben wird; so z. B. die General Ice Clause der Gencon-Charter. Der Befrachter kann sich, falls die Produktion der Güter durch Eis verhindert wird, nur dann auf die Eisklausel berufen, wenn dies ausdrücklich vereinbart ist: Pinch & Simpson v. Harrison & Co. (1948) 81 Ll. L. Rep. 268; vgl. dazu Ivamy Law Journal 1959 S. 339; siehe wegen weiterer Einzelheiten über die Eisklauseln *Peters* S. 153—160; *Capelle* S. 174—180, 514; *Rordam* Hansa 1957 S. 2440—2444.

170 Sentence arbitrale, 12 juin 1925, Dor Sup. 3, 606; Trib. com. Bordeaux, 25 mai 1939, Dor Sup. 17, 230; vgl. auch *Rodière* I Nr. 232, S. 259; *Smeesters-Winkelmolen* II Nr. 512, S. 66; *Capelle* S. 225; *Papamichalopoulos* S. 87.

171 Vgl. Trappe Hansa 1957 S. 2140—2141 (2141); *Tiberg* S. 332; *Smeesters-Winkelmolen* II Nr. 512, S. 66.

Die Klausel ist jedoch nicht anwendbar, wenn die schlechte Witterung die Produktion oder den Transport der Güter verhindert[172]; die hierdurch verursachte Verzögerung geht also zu Lasten des Befrachters.
Wird trotz der ungünstigen Wetterverhältnisse gearbeitet, so läuft die Ladezeit ununterbrochen weiter[173]. Es ist nicht gerechtfertigt, den Verfrachter mit dem Wetterrisiko zu belasten, wenn die Ladearbeiten trotz des schlechten Wetters durchgeführt werden. Der Befrachter kann sich auf die Klausel "weather permitting" nicht berufen, falls die schlechten Wetterverhältnisse während der Nacht herrschen[174].
Bei der Klausel "weather permitting" läuft die Ladezeit auch dann nicht, wenn die Anlieferung der Güter durch die unmittelbaren Folgen des Unwetters verhindert wird[175].

3. Krieg

Ist ein Krieg ausgebrochen und kann das Schiff trotzdem laden oder löschen, so kann sich keine Partei auf den Krieg berufen und sich von ihren Verpflichtungen befreien[176]. Der Kriegsausbruch übt also in diesem Fall keinen Einfluß auf den Beginn und Ablauf der Ladezeit aus.
Das Laden und das Löschen werden aber meist durch unmittelbare Kriegsfolgen erheblich behindert. In diesem Fall gelten die allgemeinen Grundsätze über die Risikoverteilung.
Die französische Rechtsprechung hat entschieden, daß die Ladezeit nicht unterbrochen wird, obwohl die Anlieferung der Ladung unmöglich ist, falls der Frachtvertrag nach dem Kriegsausbruch abgeschlossen wurde[177]. Auch eine Mobilmachung stellt grundsätzlich keinen Grund für eine Unterbrechung der Ladezeit dar, da hierdurch lediglich die Beladung erschwert wird[178]. Das von den Hafenbehörden wegen des Krieges er-

---

[172] *Smeesters-Winkelmolen* a. a. O.

[173] *Schlegelberger-Liesecke* Anm. 8 zu § 573, S. 246; *Aisenstein* S. 216; *Tiberg* S. 333.

[174] Sentence arbitrale, 7 février 1963, D. M. F. 1963, 497 (499): «Attendu, en effet, que si l'armateur a assumé les risques d'intempéries en acceptant un allongement correspondant à des délais de planche, il serait déraisonnable de supposer, jusqu'à preuve du contraire, qu'il ait assumé d'autres risques que ceux ayant effectivement empêché le chargement en heures normales ou en travail supplémentaire.»

[175] *Aisenstein* S. 216; vgl. auch Trib. com. Bordeaux, 25 mai 1939, Dor Sup. 17, 230.

[176] Vgl. *Rodière* I Nr. 235, S. 261.

[177] Vgl. *Ripert* II Nr. 1545 und die dort angeführte Rechtsprechung; *Rodière* a. a. O.; *Aisenstein* S. 151; *Papamichalopoulos* S. 89.

[178] C. A. Rennes, 25 mars 1915, R. I. D. M. XXX, 229; Trib. com. Marseille, 19 janvier 1915, R. I. D. M. XXX, 84.

lassene Verbot der Entlöschung stellt aber einen Fall höherer Gewalt dar[179].

Wird in der Charter vereinbart, daß eine Verzögerung wegen Krieges von der Ladezeit ausgenommen wird, so ist es zur Befreiung des Charterers nicht erforderlich, daß die Kriegsfolgen einen Fall höherer Gewalt darstellen[180]. Wenn keine besondere Kriegsklausel vereinbart ist, fällt eine Verhinderung durch Krieg in den Geltungsbereich der Generalklauseln[181]. Die Generalklauseln kommen auch zur Anwendung, wenn die Anlieferung der Ladung durch den Krieg besonders langsam und schwierig geworden ist[182].

4. Behördliche Anordnungen

Die Durchführung des Ladegeschäfts wird nicht selten durch behördliche Anordnungen verhindert. Im folgenden wird ausgeführt, in welcher Weise die allgemeinen Grundsätze über die Risikoverteilung bei behördlichen Eingriffen zur Anwendung kommen[183].

Haben die Hafenbehörden die Entlöschung wegen Quarantäne verboten, so wird die Löschzeit unterbrochen, weil absolute Unmöglichkeit vorliegt[184].

---

179 Trib. com. Nantes, 13 mars 1915, R. I. D. M., 339.

180 Vgl. *Rodière* I Nr. 235, S. 261.

181 Trib. com. Marseille, 4 février 1916, R. I. D. M. XXX, 377; C. A. Rouen, 26 janvier 1916, R. I. D. M. XXX, 223; über die Generalklausel siehe unten S. 96.

182 In der Entscheidung des Handelsgerichts von Marseille a. a. O. S. 378 wird ausgeführt: «Attendu qu'il n'est pas douteux qu'en septembre 1914, dans le second mois de la guerre, la situation du port de Marseille était particulièrement troublée, et toutes les opérations de débarquement et d'embarquement, sinon empêchées, du moins fortement retardées, soit par le défaut de main-d'oeuvre à la suite de la mobilisation du personnel ouvrier, soit par la réquisition des machines et autres engins de débarquement, soit par d'autres mesures prises par l'autorité militaire ou administrative, toutes causes émanant du fait du prince ou résultant de circonstances en dehors du contrôle des réceptionnaires; ... Attendu que, dans ces conditions, alors que les réceptionnaires justifient avoir fait toute la diligence compatible avec les circonstances et n'avoir dépassé que de quatre jours le délai des staries, la clause ci-dessus est pleinement applicable, et le capitaine mal fondé à réclamer des surestaries.» In solchen Fällen kann sich also der Befrachter nicht auf den Krieg berufen, wenn er die erforderliche Sorgfalt nicht angewandt hat.

183 Vgl. *Ripert* II Nr. 1542, S. 454; *Smeesters-Winkelmolen* II Nr. 513, S. 67; *Rodière* I Nr. 234, S. 261; *Schaps-Abraham* Anm. 8 zu § 573, S. 367; *Mittag* S. 55; *Tsangaris* S. 238; *Papamichalopoulos* S. 79. Über die allgemeinen Charterklauseln, die auch die behördlichen Eingriffe behandeln und das Risiko auf den Verfrachter abwälzen, siehe *Peters* S. 172—173.

184 Trib. com. Aix, 12 avril 1910, R. I. D. M. XXVI, 294.

Muß aber das Schiff auf Grund behördlicher Anordnung seinen Ladeplatz verlassen und einen anderen von den Behörden angewiesenen Platz einnehmen, so wird dadurch der Lauf der Ladezeit nicht berührt, auch wenn dort die Beladung stark erschwert und kostspieliger ist; der Befrachter darf sich nicht auf die Erschwerung oder die erhöhten Kosten berufen[185].
Auch die durch behördliche Formalitäten hervorgerufene Verzögerung übt keinen Einfluß auf die Ladezeit aus, weil der Befrachter diese beim Abschluß des Frachtvertrages voraussehen konnte[186]; außerdem handelt es sich hier nicht um eine tatsächliche Unmöglichkeit, sondern um eine Erschwerung der Beladung. Es wurde jedoch angenommen, daß außerordentliche und mannigfaltige behördliche Formalitäten den Befrachter von seiner Liegegeldverpflichtung befreien[187].
Ist die Verwaltung selbst einer der Kontrahenten, so ändert sich nichts hinsichtlich des Einflusses der behördlichen Eingriffe auf die Ladezeit[188].

III. Generalklauseln

Am Schluß dieses Abschnitts sind die Generalklauseln zu erwähnen, die von der gesetzlichen Risikoverteilung abweichende Regelungen treffen. In den Generalklauseln werden Störungen verschiedener Art aufgeführt, die die Ladezeit unterbrechen, wenn der Befrachter dadurch an der Ausnutzung der Ladezeit gehindert wird. Die Generalklausel in Medcon 4 z. B. lautet:

"Any time lost in consequence of riots, strikes, lock-outs, or any dispute not being a strike as defined by the Strike Rules, between Masters and men, occasioning a stoppage of pitmen, trimmers, or other hands connected with the working or delivery of the coal for which the Vessel is stemmed, or by reason of accidents to mines or machinery, obstructions on the railway or in the docks; or by reason of floods, frosts, fogs, storms, or any cause beyond the control of the Charterers, not to be computed as part of the loading hours"[189].

---

185 LG Piräus 6594/1950 E. Emp. D. 1951, 174 mit Anm. von *Tsangaris;* LG Piräus 212/1920 Themis ᴀB, 155.

186 Vgl. *Ripert* II Nr. 1542, S. 454; *Aisenstein* S. 148. Zu Lasten des Befrachters geht auch die Verzögerung, die dadurch entsteht, daß die Anlieferung der Ladung durch die Behörden auf den Verdacht hin verhindert wird, daß die Güter in ein feindliches Land befördert werden sollen; Trib. com. Marseille, 3 novembre 1916, R. I. D. M. XXX, 574.

187 Trib. com. Quimper, 20 octobre 1933, Dor Sup. 7, 40.

188 Vgl. *Tiberg* S. 379.

189 Vgl. auch die Generalklauseln Germancon-North 6; Coastcon 8; Baltcon 9 b; ausführlich über die verschiedenen Generalklauseln *Peters* S. 175—187.

Die Generalklauseln enden häufig mit einem allgemeinen Zusatz:
"and any unavoidable accidents and hindrances beyond their control"
oder
"or any cause beyond the control of the Charterers".
Nach der englischen Rechtsprechung sind durch den allgemeinen Zusatz "any other unavoidable accidents" neben den ausdrücklich in der Klausel aufgeführten auch andere Ereignisse derselben Art (ejusdem generis) erfaßt[190]. Wenn in der Klausel nur Störungen sozialer Natur wie Streiks, Unruhe und Aussperrungen aufgezählt sind[191], umfaßt daher der Zusatz "any other causes" auch nur andere Ursachen sozialer Natur (ejusdem generis rule).
Um Streitigkeiten in solchen Fällen zu vermeiden, sollen die Charterer den Zusatz "or any cause of any kind" oder ähnliche Zusätze hinzufügen, wenn sie sich von Störungen jeder Art befreien wollen.
Sind aber in der Generalklausel Ursachen nicht nur einer Kategorie, sondern verschiedener Art — z. B. Naturereignisse, soziale Störungen u. a. — aufgeführt, so wird angenommen, daß die ejusdem generis rule nicht zur Anwendung kommt[192].

---

[190] *Summerskill* S. 182 und die dort angeführte Rechtsprechung; *Tiberg* S. 387; *Poor* S. 117—118; *Capelle* S. 227; *Capelle* HRGZ 1932 A S. 127—144 (137); *Peters* S. 179; vgl. aber N. V. Reederij Amsterdam v. President of India (1961) 2 Lloyd's Rep. 1.

[191] So z. B. Germancon-North 12 für den Löschhafen: "In case of strikes, lockouts, civil commotions, accidents, or any other causes beyond the control of the Consignees which prevent or delay the discharging, such time shall not count unless the vessel be already on demurrage." Bei einer solchen Klausel wird die Ladezeit unterbrochen, wenn die Beladung durch Krieg verhindert wird: Trib. com. Marseille, 4 février 1916, R. I. D. M. XXX, 378.

[192] Vgl. *Poor* S. 117; *Summerskill* S. 182.

Fünfter Teil

ENDE DER LADE- UND LÖSCHZEIT

A. Ende bei Vereinbarung einer Überliegezeit

I. Ende einer bestimmten Lade- und Löschzeit

Ist die Dauer der Ladezeit oder der Tag, mit dem die Ladezeit enden soll, durch Vertrag bestimmt, so beginnt die Überliegezeit ohne weiteres mit dem Ablauf der Ladezeit (§ 569 Abs. 1 HGB)[1].

Das Gesetz geht von dem Grundsatz aus, daß die Ladezeit, wenn ihre Dauer vertraglich festgesetzt ist[2], ipso jure mit dem Ablauf des letzten Tages bzw. der letzten Stunde zu Ende geht[3]. Die Überliegezeit beginnt in diesem Fall mit dem Ablauf der Ladezeit, d. h. mit dem Beginn des folgenden Tages bzw. der folgenden Stunde[4]. Eine Erklärung des Verfrachters, daß die Ladezeit abgelaufen sei, ist nicht erforderlich. Das gleiche gilt bei einer vertraglich bestimmten Ladezeit nach französischem[5], englischem[6] und griechischem[7] Recht.

---

[1] Für die Löschzeit gilt entsprechend § 596 Abs. 1 HGB. Ein bestimmter Tag, an dem die Lade- und Löschzeit enden soll, wird sehr selten vereinbart, weil die Parteien den Beginn der Lade- und Löschzeit nicht im voraus festlegen können.

[2] Über die Festsetzung der Dauer der Ladezeit durch Vertrag siehe oben S. 49—58. Die Vereinbarung der Fac-Klausel soll nicht als eine vertragliche Festsetzung im Sinne des § 569 Anm. 1 HGB angesehen werden, weil eine Festsetzung der Ladezeit im voraus nicht möglich ist; siehe dazu oben S. 52; vgl. auch *Capelle* S. 235; *Sieveking* S. 55; *Aisenstein* S. 63.

[3] Wenn die Beladung vor Ablauf der Ladezeit beendet ist, darf der Befrachter das Auslaufen des Schiffes nicht mit der Begründung verhindern, die Ladezeit sei nicht abgelaufen; siehe hierzu oben S. 6.

[4] Vgl. § 187 Abs. 1 BGB; *Schaps-Abraham* Anm. 1 zu § 569, S. 360. Wie bereits in dem einleitenden Abschnitt der Arbeit erwähnt, hat der Befrachter für die Überliegezeit eine besondere Vergütung, das Liegegeld, zu zahlen, während die Ladezeit eine unentgeltliche Frist ist.

[5] Vgl. *Rodière* I Nr. 247, S. 272; *Ripert* II Nr. 1555, S. 467; *Aisenstein* S. 62.

[6] *Scrutton* S. 307; *Summerskill* S. 196; *Tiberg* S. 434.

[7] § 118 Abs. 2 Satz 1 K. I. N. D.; vgl. auch LG Athen 6594/1950 E. Emp. D. 1951 S. 174.

Dagegen ist nach belgischem Recht[8] ein schriftlicher Protest (mise en demeure) durch den Kapitän bei Ablauf der Ladezeit erforderlich. Die Erhebung des Protestes ist nach belgischem Recht Voraussetzung für den Beginn der Überliegezeit und folglich auch Voraussetzung für einen Anspruch des Verfrachters auf Liegegeld. Für einen Liegegeldanspruch gilt in Belgien, was für einen Anspruch auf Schadensersatz gilt[9].

II. Ende einer unbestimmten Lade- und Löschzeit

Fehlt es an einer Festsetzung der Dauer der Ladezeit durch Vertrag, so beginnt die Überliegezeit erst, nachdem der Verfrachter dem Befrachter erklärt hat, daß die Ladezeit abgelaufen sei (§ 569 Abs. 2 Satz 1 HGB)[10].

Bei allen anderen Arten der Festsetzung der Ladezeit[11] als durch Vertrag endet also die Ladezeit nicht von selbst, sondern es bedarf einer Erklärung des Verfrachters an den Befrachter, um die Ladezeit ablaufen zu lassen und die Überliegezeit in Lauf zu setzen. Erklärt der Verfrachter dies nicht, so läuft die unentgeltliche Ladezeit weiter.

Der Verfrachter kann bereits innerhalb der Ladezeit dem Befrachter erklären[12], an welchem Tage er die Ladezeit für abgelaufen halte (§ 569 Abs. 2 Satz 2 HGB)[13]. Ist die Erklärung innerhalb der Ladezeit abgegeben, so schließt sich der Beginn der Überliegezeit unmittelbar an den Ablauf der Ladezeit an; ist sie nach Ablauf der Ladezeit abgegeben, so beginnt die Überliegezeit an dem auf die Erklärung folgenden Tag, nicht aber an dem in der Erklärung bezeichneten Endtermin der Ladezeit[14]. Eine nachträgliche Erklärung führt also zur Verlängerung der Ladezeit.

Für die Erklärung ist keine Form vorgeschrieben[15]. Weigert sich aber der Befrachter, den Empfang zu bescheinigen, so darf der Verfrachter dar-

---

8 *Smeesters-Winkelmolen* II Nr. 517 S. 77, Nr. 520 S. 79 unter ausführlicher Darstellung der belgischen Rechtsprechung; vgl. Schutzv. Hansa 1958 S. 2366.

9 Vgl. Art. 1146 des Code civil Belge.

10 Für die Löschzeit gilt entsprechend § 596 Abs. 2 Satz 1 HGB.

11 Siehe oben S. 58—59.

12 Die Erklärung wird in der Praxis vom Schiffer oder Schiffsmakler an den Ablader als Vertreter des Befrachters abgegeben; sie ist ein einseitiges empfangsbedürftiges Rechtsgeschäft; *Schaps-Abraham* Anm. 3 zu § 569, S. 360; *Prüssmann* § 569 B, S. 456.

13 Für die Löschzeit gilt § 596 Abs. 2 Satz 2 HGB.

14 Vgl. *Pappenheim* III S. 174—175; *Schaps-Abraham* Anm. 7 zu § 569, S. 360; *Warneken* S. 59; *Boyens* S. 142.

15 § 571 Satz 1 HGB.

über eine öffentliche Urkunde auf Kosten des Befrachters errichten lassen (§ 571 Satz 2 HGB).
Die Erklärung ist wirkungslos, wenn der Verfrachter willkürlich einen zu frühen Zeitpunkt als Endtermin der Ladezeit genannt hat[16].
Eine Erklärung des Verfrachters für die Fälle, in denen die Ladezeit nicht im Frachtvertrag festgesetzt ist, verlangt auch das griechische Recht[17], während die französische Rechtsprechung geteilt ist[18]. Dagegen kennt das angloamerikanische Recht keine solche Erklärung[19].
Auch im deutschen Schrifttum wird die Erklärung nicht als unentbehrlich angesehen. Wie *Capelle* S. 236 hervorhebt, könnte § 569 Abs. 2 HGB ohne Schaden fortfallen; das Erfordernis dieser Erklärung hat den Nachteil, daß sich die Ladezeit bei Säumnis des Kapitäns erheblich verlängern kann. Gegen die Festsetzung einer Erklärungspflicht spricht auch die Erwägung, daß der Kapitän bei unbestimmter Ladezeit nur zu leicht als Endtermin der Frist einen zu frühen Zeitpunkt nennen würde[20].

B. Ende bei fehlender Vereinbarung einer Überliegezeit

Ist keine Überliegezeit vereinbart, so endet die Ladezeit nicht von selbst, sondern erst nachdem der Verfrachter dem Befrachter spätestens drei Tage vor dem Ablauf der Ladezeit seinen Willen erklärt hat, nicht länger zu warten (§ 570 Abs. 1 Satz 2 HGB). Ist dies nicht geschehen, so läuft die Ladezeit nicht eher ab, als bis die Erklärung nachgeholt ist und seit dem Tage der Abgabe der Erklärung[21] drei Tage verstrichen sind (§ 570 Abs. 2 HGB). Für das Ende der Löschzeit enthält das Handelsgesetzbuch keine entsprechende Regelung.
Hat der Verfrachter die Erklärung abgegeben, so ist er nach Ablauf der dreitägigen Frist nicht verpflichtet, länger auf die Abladung zu warten[22].

---

[16] Vgl. *Prüssmann* § 569 B, S. 456.
[17] Vgl. Art. 118 Abs. 2 Satz 2 K. I. N. D. Die Erklärung muß nach dieser Vorschrift entweder zum Inhalt haben, daß die Ladezeit abgelaufen sei oder daß sie an einem bestimmten Tag ende.
[18] *Ripert* II Nr. 1555, S. 467; *Rodière* I Nr. 247, S. 272; *Aisenstein* S. 62.
[19] *Scrutton* S. 307; *Summerskill* S. 196; *Tiberg* S. 434.
[20] Aus diesen Überlegungen wurde eine solche Erklärung im skandinavischen Recht nicht zugelassen; *Capelle* S. 236; *Tiberg* S. 434. Auch in den Charterpartien wird keine Erklärung vorgesehen.
[21] Die Erklärung hat den Charakter einer Kündigung; *Schaps-Abraham* Anm. 8 zu § 570, S. 361; *Prüssmann* § 570 A, S. 457. § 570 HGB gilt auch für das Ende der Überliegezeit, falls eine Überliegezeit vereinbart ist.
[22] Ausführlich darüber *Mittag* S. 9—10; *Warneken* S. 62—64; *Schaps-Abraham* Anm. 6 zu § 570, S. 361; *Schlegelberger-Liesecke* Anm. 3 zu § 570, S. 243.

Das Gesetz betrachtet die Erklärung in jedem Fall als unentbehrlich, gleichviel ob die Ladezeit nach dem Vertrag, den örtlichen Verordnungen oder dem Ortsgebrauch bestimmt oder nach den Umständen des Falles festzusetzen ist[23]. Es ist zu beachten, daß für das Erfordernis der Erklärung und Frist dann kein Grund ersichtlich ist, wenn die Ladezeit fix durch Vertrag bestimmt ist.

Dem angloamerikanischen und französischen Recht ist die in § 570 HGB vorgesehene Erklärung nicht bekannt. Auch die Charterpartien sehen keine solche Erklärung vor; die Parteien vereinbaren fast immer eine Überliegezeit, deren Dauer gewöhnlich nicht fix im Vertrag bestimmt wird[24]. In der Praxis wartet das Schiff in der Regel, bis die Beladung bzw. Entlöschung vollständig beendet ist[25].

Das neue griechische Seegesetzbuch von 1958 hat die Bestimmung des § 570 HGB in dem Art. 120 K. I. N. D. inhaltlich unverändert übernommen. Aus dem oben Gesagten folgt, daß § 570 HGB und Art. 120 K. I. N. D. von nur geringer praktischer Bedeutung sind.

---

[23] Vgl. *Schlegelberger-Liesecke* Anm. 2 zu § 570, S. 242; *Sieveking* S. 61; *Prüssmann* § 570 A, S. 457. Das Gesetz verlangt eine dreitägige Frist, während die Ladezeit kürzer als drei Tage sein kann.

[24] Die Vereinbarung einer Überliegezeit lautet z. B.: "Demurrage (if any) at the rate of £ . . . per running day; portions of days to count pro rata" oder "if the Vessel is not dispatched within the stipulated time, Consignees to pay demurrage at the rate of . . . per running hour payable day by day."

[25] Anders natürlich, wenn die Charter bestimmt, daß das Schiff aus besonderen Gründen früher abfahren kann; vgl. z. B. die General Ice Clause der Gencon-Charter.

Sechster Teil

EILGELD

A. Begriff des Eilgeldes

Der Verfrachter ist stets an einer Beschleunigung der Beladung bzw. Entlöschung interessiert, damit das Schiff so bald wie möglich für eine andere Verwendung frei wird. Die Schnelligkeit der Beladung bzw. Entlöschung richtet sich aber nach den Wünschen des Befrachters bzw. Empfängers, der die vereinbarte Lade- und Löschzeit voll ausnutzen darf, wenngleich er die Beladung bzw. Entlöschung früher beenden könnte[1].

Der Verfrachter ist verpflichtet, bis zum Ende der Lade- und Löschzeit auf die Beladung bzw. Entlöschung seines Schiffes zu warten. Um möglichst schnell wieder die Verfügung über sein Schiff zu erhalten, besonders zu den Zeiten, in denen die Frachtraten hoch sind, verspricht der Verfrachter dem Befrachter bzw. Empfänger eine Vergütung für den Fall, daß das Laden bzw. Löschen vor Ablauf der vorgesehenen Lade- bzw. Löschzeit durchgeführt wird[2]. Diese Vergütung heißt Eilgeld (engl.: dispatch money).

Die Frage des Eilgeldes findet im Gesetz überhaupt keine Regelung. Der Eilgeldanspruch setzt immer eine Vereinbarung im Frachtvertrag voraus[3]. In Ermangelung einer Vereinbarung in der Charter kann für die durch schnelleres Laden gesparte Zeit kein Eilgeld beansprucht werden.

Eilgeld ist dann gleichfalls nicht zu zahlen, wenn die Charter die sogenannte Fac-Klausel "as fast as the ship can receive or deliver" enthält, weil sich der Befrachter bei Geltung dieser Klausel nach dem Ladetempo des Schiffes zu richten hat[4].

Zur Anwendung der Eilgeldklausel ist erforderlich, daß die volle im Frachtvertrag vorgesehene Ladung, nicht aber nur ein Teil der zu be-

---

[1] Siehe oben S. 4—5.

[2] Was im folgenden über Zeitersparnis im Ladehafen ausgeführt ist, gilt entsprechend für den Löschhafen.

[3] Eilgeld wird freilich nur bei einer bestimmten Ladezeit vereinbart; über die Vereinbarung einer bestimmten Ladezeit siehe oben S. 49.

[4] Siehe dazu oben S. 51—54; vgl. auch *Tiberg* S. 420; *Aisenstein* S. 121.

fördernden Güter angeliefert wurde; steht dem Verfrachter nach der Charter das Recht zu, vor vollständiger Abladung aus besonderen Gründen (z. B. wegen Streiks)[5] abzufahren, und macht er von seinem Recht Gebrauch, so kann sich der Befrachter nicht auf die Klausel berufen[6].

Die Eilgeldklausel wird vereinbart, um dem Befrachter einen Anreiz zu geben, die Beladung mit möglichster Beschleunigung zu betreiben[7]. Bisweilen aber ist das Eilgeld ein versteckter Frachtrabatt; der Befrachter versucht, wenn die Marktlage ihm günstig ist, einerseits eine übermäßig lange Ladezeit zu erhalten, andererseits ein Eilgeld zu vereinbaren, so daß er auf diese Weise eine Ermäßigung der Fracht erreicht[8].

B. Berechnung des Eilgeldes

I. Allgemeines

Die Berechnung des Eilgeldes ist sehr umstritten, wenn sich die Berechnungsgrundlage nicht deutlich aus dem Wortlaut der Eilgeldklausel ergibt. In diesen Fällen treten Schwierigkeiten für die Frage auf, welche Zeit als erspart angesehen werden muß.

Wie früher dargelegt[9], werden regelmäßig sowohl Sonn- und Feiertage als auch die Zeit, während derer die Beladung durch zufällige Hindernisse ausgeschlossen wird, von der Ladezeit ausgenommen.

Bei der Eilgeldberechnung entstehen Streitigkeiten über die Frage, ob die in die gesparte Zeit fallenden ausgeschlossenen Zeiträume mitzurechnen

---

[5] Siehe oben S. 87—91.

[6] Trib. com. Seine, 10 mars 1958, D. M. F. 1959, 296 (298): «Attendu ... qu'en la présente espèce, il ne peut être prouvé que le temps gagné au début des opérations de chargement n'aurait pas été perdu par la suite; qu'il est même possible de penser que des surestaries auraient pu même être dues; qu'en conséquence, il ne peut valablement être conclu qu'il n'y a du temps de sauvé qu'à la fin des opérations de chargement telles qu'elles avaient été prévues au contrat, c'est-à-dire lorsque la quantité acceptée par le capitaine a été intégralement chargée; que la clause de la charte-partie concernant le despatch-money ne peut donc s'appliquer que comme une clause conditionnelle, dépendant et n'existant qu'à partir du moment où le chargement est terminé.»

[7] Der Befrachter kann, um mehr Eilgeld zu verdienen, nicht verlangen, daß der Verfrachter außergewöhnliche Mittel gebraucht, damit die Beladung mit größtmöglicher Beschleunigung betrieben wird; C. A. Gênes, 30 avril 1925, Dor 14, 471.

[8] Aus diesem Grunde haben sich die Reeder gegen das Eilgeld ausgesprochen; vgl. BIMCO Hansa 1965 S. 316; Hansa 1938 S. 1732; *Capelle* S. 432; *Wüstendörfer* S. 252; *Mittag* S. 80; *Aisenstein* S. 125.

[9] Siehe dazu oben S. 63—98.

sind, d. h. ob auch für diese Zeiten Eilgeld zu zahlen ist. Der Verfrachter will in einem solchen Fall Eilgeld nur für die gesparten Ladetage (Arbeitstage) vergüten, nicht aber für die in die gesparte Zeit fallenden ausgenommenen Zeiträume. Der Befrachter berechnet dagegen die ganze Zeit zwischen dem tatsächlichen Abschluß der Ladearbeiten und dem Zeitpunkt, in dem die Ladezeit bei voller Ausnutzung abgelaufen wäre, also auch die von der Ladezeit ausgenommene Zeit.

Bei der Berechnung von dispatch money ist natürlich zunächst festzustellen, wieviel von der Ladezeit verbraucht ist; denn nur dann kann überhaupt die Frage beantwortet werden, wieviel Zeit erspart wurde. Für diese Frage gelten aber die bereits oben bei der Behandlung der Ladezeit dargelegten Grundsätze. Wie erwähnt, ist es streitig, ob der Befrachter Eilgeld für die Zeit verlangen kann, die durch den Beginn der Ladearbeiten innerhalb der free time[10] oder durch Ausnutzung der von der Ladezeit ausgenommenen Sonn- und Feiertage[11] gespart wurde.

Diese Fragen bedürfen hier keiner näheren Erläuterung. Es ist nochmals hervorzuheben, daß die Berechnung der Ladezeit einheitlich zu erfolgen hat, gleichgültig ob es sich um den Liegegeld- oder Eilgeldanspruch handelt; es wird deshalb hinsichtlich der Berechnung der verbrauchten Zeit auf die obigen Ausführungen verwiesen[12].

An dieser Stelle wird nur die Frage erörtert, welche Zeit als erspart gelten soll[13]. Entscheidend ist dabei der Inhalt der Eilgeldklausel. Die Parteien treffen unterschiedliche Vereinbarungen über das Eilgeld. Die meisten Charterformulare sehen keine dispatch money-Klausel vor. Die Eilgeldklausel wird häufig beim Abschluß des Vertrages hinzugefügt, wenn der Vertrag unter Verwendung eines Charterformulares, das kein Eilgeld vorsieht, abgeschlossen wird.

---

[10] Die Frage ist nämlich hier, ob bei einem Beginn der Ladearbeiten vor Ablauf der free time der Beginn der vertraglichen Ladezeit entsprechend vorverlegt wird; siehe dazu oben S. 36—39.

[11] Über die Frage, ob die Sonn- und Feiertage, an denen geladen wurde, als Ladezeit zählen, siehe oben S. 71—72.

[12] Siehe oben S. 54 über die Berechnung des Eil-Liegegeldes bei Beladung in mehreren Häfen; hier entsteht die Frage, ob die Verzögerung in einem Hafen durch die beschleunigte Beladung in dem zweiten Hafen ausgeglichen wird.

[13] Viele Autoren beschäftigen sich bei der Behandlung des Eilgeldes leider hauptsächlich wieder mit der Frage, wie die Ladezeit bei einem Eilgeldanspruch berechnet wird, nicht aber mit der Hauptfrage des Eilgeldes. So bleibt aber nicht nur die Frage des Eilgeldes ohne Beantwortung, sondern es wird auch Verwirrung darüber hervorgerufen, welches überhaupt das Problem ist; siehe *Rodière* I Nr. 256 und 257, S. 282—285; *Schaps-Abraham* Anm. 15 zu § 567, S. 353—354; *Prüssmann* § 567 E, S. 450; *Mittag* S. 84; *Fraikin* D. M. F. 1960 S. 131—137.

Die dispatch money-Klauseln lassen sich im wesentlichen in drei Gruppen gliedern:

a) Klauseln, die ausdrücklich Eilgeld für die gesparte Arbeitszeit vorsehen. So heißt es z. B.:

"For all working time saved at port or ports of loading despatch money shall be paid on completion of loading at the rate of one-half of the above rate of demurrage"[14]

oder

"If the Vessel is discharged in less than the time allowed Owners to pay ... per gross ton per running day (or pro rata for part thereof) despatch money for every day saved (Sundays, Holidays and any other excepted periods not to be counted as time saved)"[15];

b) Klauseln, in denen dispatch money "for all time saved" vorgeschrieben ist. So heißt es in Russwood 6 a:

"The vessel shall pay Charterers £ ... per day and pro rata for part of day for all time saved in loading"[16];

c) Klauseln, die nur allgemein bestimmen, daß der Verfrachter für den Fall der vorzeitigen Beendigung der Beladung Eilgeld zu zahlen hat. Üblich ist z. .B die Formulierung:

"If sooner Owners shall pay despatch money at half demurrage rate"[17].

Die unter b) und c) erwähnten Klauseln schweigen darüber, ob die etwa in die gesparte Zeit fallenden ausgenommenen Zeiten bei der Berechnung des Eilgeldes in Betracht kommen oder nicht. Aus der Charter selbst läßt sich also für die Entscheidung der streitigen Frage nichts entnehmen, wenn Eilgeld in diesen Formen vereinbart ist[18].

II. Die Frage, ob Eilgeld für ersparte Sonn- und Feiertage zu zahlen ist. Die Rechtsnatur des Eilgeldes

In die durch schnellere Beladung gesparte Zeit fallen manchmal Sonn- und Feiertage. Ist dies der Fall, so fragt es sich, ob die ersparten Sonn-

[14] Austwheat 13.

[15] Coastcon 18.

[16] Vgl. Steam Sugar No. 5, 46: "Owners to pay despatch money to Charterers or their agents at the rate of ... per net registered tonnage of steamer per day, for all time saved."

[17] BIMCO Hansa 1965 S. 316; in Americanized Welsh Coal Charter 3 heißt es: "If sooner dispatched, Vessel to pay Charterers or his Agents ... U. S. Currency per net register ton per day (or pro rata for part thereof) dispatch money for ... time saved."

[18] Bei dem Ausdruck "all time saved" taucht die Frage auf, ob die ganze von der Ladezeit ersparte Zeit oder die ganze für das Schiff gesparte Zeit gemeint ist.

und Feiertage eilgeldpflichtig sind. Ist z. B. eine Ladezeit von zehn Tagen "sundays and holidays excepted" vereinbart und hat der Befrachter für das Laden sechs Tage gebraucht und ist der siebente Tag ein Sonntag und der achte ein Feiertag, so ist es streitig, ob der Verfrachter Eilgeld für vier[19] oder sechs[20] Tage entrichten muß.

Diese Frage ist für das deutsche Recht ohne Bedeutung, weil die Sonn- und Feiertage gemäß § 573 Abs. 1 HGB in die Ladezeit eingerechnet und folglich als Ladetage angesehen werden. Da aber die Sonn- und Feiertage nach anderen Seerechtsordnungen von der Ladezeit ausgeschlossen sind[21] und in der Praxis fast ausnahmslos der Ausschluß der Sonn- und Feiertage vereinbart wird[22], ist die in Rede stehende Frage von großer praktischer Bedeutung.

Entscheidend für die Eilgeldberechnung ist hier die Frage, für welche Zeit Eilgeld zu zahlen ist, mit anderen Worten: ist Eilgeld für die nicht verbrauchte Ladezeit, d. h. für die gesparte Arbeitszeit zu zahlen, oder ist Eilgeld für jede Zeit zu zahlen, die für das Schiff eingespart wird, weil es früher fertig wurde?

Über den Begriff des Eilgeldes herrscht in Literatur und Rechtsprechung Unklarheit. Welchen Rechtscharakter hat dieses Eilgeld? Mit der Beantwortung dieser Frage wird die Frage, ob Eilgeld für ersparte Sonn- und Feiertage zu zahlen ist, geklärt werden können.

1. Die verschiedenen Ansichten in Rechtsprechung und Schrifttum

a) Deutschland

In der deutschen Wissenschaft wird von den meisten Autoren angenommen, daß das Eilgeld für die nicht verbrauchte Ladezeit zu zahlen ist.

So meint *Prüssmann* § 567 E, S. 450: „Das Eilgeld ist vom Verfrachter an den Befrachter für die nicht ausgenutzte Ladezeit zu zahlen."

Nach *Schlegelberger-Liesecke* Anm. 14 zu § 567, S. 238, soll gelten: „Üblich ist die Zusage einer Vergütung für die nicht verbrauchte Ladezeit."

Boyens S. 135 sagt, daß die Verfrachter den Befrachtern für Einsparungen an der Ladezeit eine nach Tagen oder Stunden bemessene Vergütung versprechen.

---

[19] D. h. für die Differenz zwischen der vertraglich eingeräumten und der tatsächlich verbrauchten Ladezeit.

[20] Da die Sonn- und Feiertage von der Ladezeit ausgeschlossen sind, könnte das Schiff in unserem Beispiel bei voller Ausnutzung der Ladezeit erst 12 Tage nach ihrem Beginn abfahren, und so hat der Verfrachter 6 Tage gewonnen.

[21] Siehe oben S. 63.

[22] Siehe oben S. 64—71.

Bei *Capelle* S. 431 heißt es: „Will er (der Verfrachter) dem Charterer ... einen Anreiz bieten, so muß er ihm für den Fall der Ersparung von Ladezeit einen besonderen Vorteil in Aussicht stellen. Das geschieht vielfach in Form der Gewährung eines Eilgeldes“[23].

Wüstendörfer S. 252 erklärt, daß das Eilgeld „für Einsparung von Ladezeit“ zu zahlen ist.

Nach *Schaps-Abraham* Anm. 15 zu § 567, S. 353, ist das Eilgeld aber „als Vergütung für den durch Nichtausnutzung der Lade- oder Löschfrist ersparten Zeitraum“ zu zahlen[24].

Die Autoren, die annehmen, das Eilgeld stelle eine Vergütung für die nicht verbrauchte Ladezeit dar, vertreten trotzdem ferner die Ansicht, daß ersparte Sonn- und Feiertage zu vergüten seien, sofern in der Charter nichts anderes vereinbart worden sei[25].

Die deutsche Rechtsprechung hat vorwiegend entschieden, daß bei der Berechnung des Eilgeldes die in die gesparte Zeit fallenden Sonn- und Feiertage mitvergütet werden[26].

Auch *Capelle* S. 436 nimmt an, daß die Klauseln in diesem Sinne auszulegen sind, wenn sich aus ihrem Wortlaut nichts anderes ergibt; der ausgenommene Sonntag ist im allgemeinen für den Verfrachter auch ein Gewinn. Nach *Capelle* ist hierzu jedoch zu bedenken:

---

[23] Vgl. auch *Capelle* S. 209.

[24] Ungenau *Pappenheim* III S. 184. Er sagt: „Mittels Zusicherung einer Vergütung für die an der Wartezeit ersparten Tage oder Stunden sucht der Verfrachter seinen Vertragsgegner an möglichst beschleunigter Bewirkung der Abladung (oder Löschung) zu interessieren.“ Unter Wartezeit ist aber sowohl die Ladezeit als auch die fast ausnahmslos vereinbarte Überliegezeit zu verstehen (siehe oben Fußn. 11 S. 5); der Befrachter hat für die Überliegezeit immer eine besondere Vergütung, das Liegegeld, zu zahlen.

[25] Vgl. *Schlegelberger-Liesecke* Anm. 14 zu § 567, S. 238: „Werden Sonntage erspart, so sind sie mangels gegenteiliger Vereinbarung mit zu vergüten.“ — *Prüssmann* § 567 E, S. 450, verkennt die Frage und sagt: „Ersparte Sonntage sind gemäß § 573 Abs. 1 zu vergüten.“ Die Frage, ob die Sonntage eilgeldpflichtig sind, kann aber nur auftreten, wenn die Sonntage von der Ladezeit ausgeschlossen sind, nicht aber wenn die Sonntage, wie nach § 573 Abs. 1 HGB, als Ladetage (Arbeitstage) betrachtet werden.

[26] HansOLG 27. 10. 1922 HGZ 1922 S. 306—307; HansOLG 4. 7. 1923 HGZ 1923 Sp. 235-237; die Charter enthielt hier die Klausel "Steamer to pay £... per day despatch money"; vgl. auch *Mittag* S. 82. — Anders Hamburger Schiedsgericht 17. 3. 1932 HRGZ 1932, Sp. 243—249 (Sp. 247): „Aber ... dürfte das Ergebnis der Gerechtigkeit vom wirtschaftlichen und gefühlsmäßigen Standpunkte aus, etwa im Sinne der sog. ‚Interessenjurisprudenz‘ ... entsprechen. Es ist nun wohl richtig, daß im vorliegenden Falle die Reederei, durch Ersparung von zwei Feiertagen ohne Eilgeldzahlung, einen verhältnismäßig größeren Gewinn erzielt hat als der Charterer; aber doch nicht auf Kosten und nicht entgegen den — hier

I. Die Einrechnung der gesparten Sonntage bei Berechnung des Eilgeldes kann dazu führen, daß der Befrachter Eilgeld für mehr Tage erhält, als ihm als Ladetage überhaupt zugestanden hätten.

II. Eine Entscheidung zugunsten des Charterers legt es nahe, das gleiche wie für Sonn- und Feiertage auch für andere Unterbrechungen der Ladezeit gelten zu lassen.

b) Frankreich und Belgien

In Frankreich und Belgien wird angenommen, daß das Eilgeld für die ganze vom Verfrachter gewonnene Zeit zu zahlen ist; auch die ersparten Sonn- und Feiertage sind demnach eilgeldpflichtig[27]. Das Eilgeld ist nach dieser Rechtsauffassung «une prime de libération»[28].

In Schrifttum und Rechtsprechung wird hervorgehoben[29]:

I. Das Eilgeld ist das Gegenstück zum Liegegeld; wie die Sonn- und Feiertage für die Überliegezeit mitgezählt werden und der Verfrachter bei Überschreitung der Ladezeit für sie Liegegeld fordern kann, so muß der Verfrachter für die Sonn- und Feiertage Eilgeld zahlen, falls das Schiff durch die beschleunigte Bewirkung der Beladung vor dem Ende der Ladezeit abfahren kann.

---

mit den Belangen des Reeders grundsätzlich gleichlaufenden — Interessen des Charterers. Der Letztere gewinnt durch die Beschleunigung, auch ohne Eilgeldberechtigung für Nicht-Arbeitstage, Sicherheit gegen Eintritt einer demurrage und einen, wenn auch auf die Arbeitszeiten beschränkten, Eilgeldanspruch. Jede Beschleunigung des Ladens und Löschens bedeutet auch für den Charterer einen Vorteil und wird sich z. T. auch in Frachtraten auswirken, wenn auch im Einzelfalle nicht rechnerisch nachweisbar. Andererseits muß der Reeder Eilgeld auch dann zahlen, wenn er im Einzelfalle aus irgendwelchen Gründen die Reise nicht hat entsprechend beschleunigt antreten können, im Entlöschungshafen den Zeitgewinn vor Beginn des Löschens eingebüßt hat, wenn Zeitgewinn beim Löschen mangels Verfrachtungsmöglichkeiten dem Reeder keinerlei Vorteile bringt u. ä."

[27] *Aisenstein* S. 123 und die dort angeführte Rechtsprechung; *Ripert* II Nr. 1532, S. 441; *Rodière* I Nr. 256 und 257, S. 282—283; *Fraikin* D. M. F. 1960 S. 131—137; *Smeesters-Winkelmolen* II Nr. 543, S. 108; vgl. auch Trib. com. Gand, 18 novembre 1937, Dor 37, 106; note de jurisprudence in Dor 13, 177. Anders die bei *Fraikin* D. M. F. 1960 S. 131—137 (135) angeführte Entscheidung des Gerichts von Dunkerque vom 14. 3. 1910: «Par sauvée, il faut donc comprendre chaque heure sauvée sur la planche ainsi calculée, et non chaque heure gagnée par le navire sur le temps total fixé pour sa libération.»

[28] *Aisenstein* S. 122; *Rodière* I Nr. 257, S. 283. Dagegen gilt nach den „Regeln von Athen" (S. 316): "Dispatch money means the sum which the Carrier is to pay to the Charterer for all working lay time saved."

[29] Siehe die Zitate Fußn. 27.

II. Das Schiff kann die Sonn- und Feiertage wie jeden anderen Tag nutzen.

Es wird aber von den meisten Autoren anerkannt, daß diese Berücksichtigung der Sonn- und Feiertage bisweilen zu eigentümlichen Ergebnissen führt, so daß die gesparte Zeit manchmal länger sein kann als die eingeräumte Ladezeit[30].

c) Griechenland

In Griechenland wird die Auffassung vertreten, daß es sich bei einer Eilgeldvereinbarung um einen „Rückkauf der Ladezeit" handelt[31]. Trotzdem wird angenommen, daß die gesparten Sonn- und Feiertage zu vergüten seien, auch wenn sie von der Ladezeit ausgeschlossen sind[32].

d) England

Nach der englischen Rechtsprechung kann die Frage, ob Eilgeld für die ganze ersparte Zeit zu zahlen ist, nicht mit einem einfachen Ja oder Nein beantwortet werden. Es muß hier unterschieden werden[33]. Grundsätzlich ist Eilgeld für die ganze für das Schiff gesparte Zeit zu zahlen[34]; der Befrachter kann Eilgeld für die ersparten Sonn- und Feiertage verlangen, wie der Verfrachter bei Überschreitung der Ladezeit für diese Tage Liegegeld fordern kann[35].

Dieser Grundsatz gilt aber nicht in den folgenden beiden Fällen:

I. wenn die Ladezeit mit der Bestimmung "Sundays and holidays excepted" zusammen und das Liegegeld dagegen in einer anderen bedungen sind[36];

II. wenn Ladezeit, Eilgeld und Liegegeld in derselben Klausel geregelt sind, sich aber aus dem Wortlaut der Klausel ergibt, daß sich die von der Ladezeit ausgeschlossenen Zeiträume auch auf das Eilgeld beziehen.

In diesen Fällen wird Eilgeld nur für die ersparten Ladetagegewährt.

2. Kritik und Stellungnahme

Der Meinung, die einerseits von einer Vergütung der nicht verbrauchten Ladezeit oder von einem Rückkauf der Ladezeit spricht, andererseits aber

---

30 Vgl. *Ripert* II Nr. 1532, S. 441; *Rodière* I Nr. 257, S. 283.

31 *Papamichalopoulos* S. 105; *Papamichalopoulos* Epistaliai S. 13; *Tsangaris*, S. 233; so auch die griechische Rechtsprechung: OLG Tessaloniki 18/1967 E. Emp. D. 1967, 239 (240).

32 *Papamichalopoulos* S. 108; *Papamichalopoulos* Epistaliai S. 23.

33 *Carver* S. 1073—1075 unter ausführlicher Darstellung der englischen Rechtsprechung; *Summerskill* S. 257—258; *Tiberg* S. 418.

34 So auch *Poor* S. 128 für das amerikanische Recht.

35 Vgl. *Summerskill* S. 263.

36 Vgl. *Scrutton* S. 314.

die Vergütung für die von der Ladezeit ausgenommenen Sonn- und Feiertage bejaht[37], kann nicht zugestimmt werden.
Zunächst müßten die Autoren, die annehmen, das Eilgeld sei für die nicht verbrauchte Ladezeit zu zahlen, zu dem Schluß kommen, daß für ersparte Sonn- und Feiertage, wenn sie vertragsgemäß von der Ladezeit ausgenommen sind, kein Eilgeld zu zahlen ist, weil sie keine Ladetage sind. Trotzdem nehmen sie an, daß bei der Berechnung von dispatch money die in die gesparte Zeit hineinfallenden Sonn- und Feiertage mitzuvergüten seien.
Hier bleibt aber die Frage offen, warum der Verfrachter Eilgeld für die von der Ladezeit ausgenommenen Sonn- und Feiertage zahlen muß, wenn das Eilgeld eine Vergütung für die nicht verbrauchte Ladezeit, mit anderen Worten, nur für ersparte Arbeitstage ist.
Abgesehen davon ist m. E. die oben angeführte Meinung abzulehnen. Nach dieser Auffassung handelt es sich bei der Eilgeldklausel schließlich um eine Vereinbarung über die Rückerstattung eines Teiles der für die Ladezeit bezahlten Vergütung, falls die genannte Zeit nicht voll ausgenutzt wird; dies widerspricht aber dem Sinn und dem Zweck der Vereinbarung eines Eilgeldes. Durch diese Vereinbarung soll die Beschleunigung der Beladung bzw. Entlöschung erreicht werden, damit das Schiff so bald wie möglich für eine andere Verwendung frei wird; folglich muß der Betrag eines Eilgeldes der ganzen für das Schiff ersparten Zeit, nicht aber der von der Ladezeit ersparten entsprechen. Der Verfrachter verspricht dispatch money, wenn die Konjunktur ihm günstig ist. Falls Eilgeld nicht ausdrücklich nur für die gesparte Arbeitszeit vereinbart ist, scheint der Wille des Verfrachters beim Abschluß des Vertrages dahin zu gehen, Eilgeld für die ganze ersparte Zeit zu zahlen, weil er glaubt, daß eine vorzeitige Beladung Vorteile für ihn haben wird[38].
Sicherlich ist es möglich, daß in Ausnahmefällen, wegen Änderung der Marktlage, das Interesse des Verfrachters an der Beschleunigung des Ladens fortfällt. Diese Tatsache aber, die beim Vertragsabschluß nicht vorauszusehen war, kann für die Auslegung des Vertrages nicht von Bedeutung sein. Das Eilgeld wird im voraus festgesetzt, unabhängig von der Höhe des Gewinns, den das Schiff durch die vorzeitige Beendigung der Beladung erbringt, oder von den zusätzlichen Kosten des Befrachters, die ihm als Folge der Beschleunigung entstehen.

---

[37] Siehe oben S. 106—107, 109.

[38] Wie erwähnt, enthalten die meisten Charterformulare keine dispatch money-Klausel. Auch die sehr verbreitete Gencon-Charter sieht keine dispatch money-Klausel vor. Die Eilgeldklausel wird häufig beim Vertragsabschluß hinzugefügt. Hat der Verfrachter zur Zeit des Vertragsabschlusses kein Interesse an der Beschleunigung, so verspricht er kein Eilgeld.

Nach den oben angeführten Gründen scheint die Meinung richtiger zu sein, nach der das Eilgeld für die ganze dem Verfrachter gewonnene Zeit zu zahlen ist. Gegen die Vergütung der ganzen ersparten Zeit wurden, wie erwähnt, folgende Bedenken vorgebracht[39]:

a) Die Berücksichtigung der ausgenommenen Sonn- und Feiertage für die Eilgeldberechnung kann zu überraschenden Ergebnissen führen, so daß der Befrachter Eilgeld für eine Zahl von Tagen oder Stunden erhält, die der vertraglich vorgesehenen Ladezeit gleich oder gar länger als diese ist[40]. Das ist z. B. dann der Fall, wenn die Ladezeit vier Tage betragen soll und das Laden, das am 23. Dezember begonnen hat, am 24. beendet ist. Der 25. und 26. Dezember sind Feiertage. Wenn in diesem Fall die ganze Zeit zugrunde gelegt würde, wäre der Befrachter berechtigt, Eilgeld für vier Tage zu verlangen.

Zu diesem Fall ist zu bemerken, daß das Schiff ohne die vorzeitige Beendigung des Ladens dem Befrachter während dieser ganzen Zeit ohne besondere Vergütung hätte zur Verfügung stehen müssen. Die vorzeitige Beladung bringt hier dem Verfrachter einen großen Zeitgewinn und folglich in der Regel einen großen Vorteil. Kann es in diesen Fällen wirklich eine Frage von nachteiligen Folgen für den Verfrachter sein, wenn er Eilgeld, das im übrigen verhältnismäßig niedrig ist[41], für die ganze ersparte Zeit entrichten muß?

b) Gegen die Vergütung der in die gesparte Zeit fallenden Sonn- und Feiertage wird ferner eingewendet, daß, wenn die ausgenommenen Zeiträume eilgeldpflichtig seien, Eilgeld für alle ausgenommenen Zeiten zu zahlen wäre, also selbst für Störungszeiten, falls die Störungen nach dem Abschluß der vorzeitigen Beladung und vor dem Zeitpunkt, in dem die Ladezeit abgelaufen wäre, auftreten. Die Zahlung von Eilgeld in solchen Fällen kann aber zu widersinnigen Folgen führen, wenn Hindernisse von längerer Dauer auftreten. Diesen Standpunkt hat die englische Rechtsprechung im Glendevon-Fall berücksichtigt. Es heißt dort:

"they point out that days, during which the weather does not permit discharge, stand on the same footing as regards the charterer's right as Sundays and fête days; that is to say, the charterer need not discharge on Sundays and fête days,

---

[39] Siehe oben S. 107—108, 109.

[40] Dies kann deshalb eintreten, weil sich die Ladezeit um die Zeit der ausgenommenen Zeiträume verlängert. So betrug z. B. im „Atlanten"-Fall (C. A. mixte d'Alexandrie, 10 janvier 1934, Dor 30, 206) die Ladezeit 16 Tage und die ganze dem Verfrachter gewonnene Zeit unter Einrechnung der in die gesparte Zeit fallenden Sonn- und Feiertage 17 Tage. Vgl. auch Schiedsgutachten 17. 3. 1932 HRGZ 1932 S. 243—249: Die Einrechnung der gesparten Sonn- und Feiertage führte bei einer 48stündigen Ladezeit zu einer Ersparnis von $71^1/_2$ Stunden.

[41] Über die Höhe des Eilgeldes siehe unten S. 116.

and need not discharge of the weather does not permit on other days, but if Sundays and fête days are to be reckoned in as time saved for the purpose of the payment of dispatch money, then the days during which the weather does not permit discharge ought to stand on the same footing. I confess I am unable to see any answer to that argument, and the results would be so extraordinary as to be unintelligible. It would come to this, that after the ship was discharged, the charterer would have the right to say that on a large number of days, it might be even weeks or months, he was prevented by the weather from discharging, and therefore he was entitled to add these in as days of twenty-four hours, for each hour of which he was entitled to have 8s. 6d. That is an absurdity"[40].

Wie unten ausgeführt wird, kann beim Eintritt von Hindernissen nach Abschluß der Beladung keine Rede mehr von einer Unterbrechung der Ladezeit sein, also kann kein Ausschluß von der Ladezeit mehr stattfinden[43]. Die Ansicht, daß Eilgeld auch für die von der Ladezeit ausgeschlossenen Sonn- und Feiertage zu zahlen sei, stößt somit nicht auf solche Schwierigkeiten.

Das Eilgeld ist m. E. eine Vergütung für die ganze dem Schiff ersparte Zeit, nicht aber für die nicht verbrauchte Ladezeit. Entscheidendes Kriterium der richtigen Lösung kann nur der durch diese Vereinbarung beabsichtigte Zweck sein, der, wie erwähnt, in der schnellsten Abfertigung des Schiffes besteht[43a]. Die gesparte Zeit, nach der das Eilgeld zu berechnen ist, ist also mangels gegenteiliger Vereinbarung nicht die Differenz zwischen der vertraglich erlaubten und der tatsächlich verbrauchten Ladezeit, sondern die ganze für den Verfrachter gewonnene Zeit unter Einrechnung der gesparten Sonn- und Feiertage[44].

---

[42] Zitiert nach *Summerskill* S. 264; vgl. auch *Capelle* S. 436.

[43] Siehe dazu unten S. 114.

[43a] Es ist zu bemerken, daß die Einsparung von Sonn- und Feiertagen am besten erreicht wird, wenn der Charterer auch für diese Tage Eilgeld verdienen kann. Zur Verdeutlichung setzen wir den Fall, daß die Beladung unter Aufwendung besonderer Mühen und Kosten (z. B. zusätzliche Kosten für Überstunden) seitens des Befrachters am Tage vor einem Feiertag beendet werden könnte, daß er aber kein Eilgeld für ersparte Sonn- und Feiertage verlangen kann. Der Befrachter würde die Beladung in diesem Fall nicht am Tage vor einem Feiertag, sondern wenige Stunden nach dem Arbeitsbeginn des folgenden Werktages beenden, besonders wenn die Berechnung des Eilgeldes nach Stunden zu erfolgen hat.

[44] In manchen Charterformularen wird ausdrücklich Eilgeld für ersparte Sonn- und Feiertage vorgesehen; so heißt es in Centrocon 16: "Despatch Money (which is to be paid to Charterers before Steamer sails) shall be payable for all time saved in loading (including Sundays and Holidays saved) ..."; vgl. auch Canadawood 13: "Should the Vessel be loaded or discharged quicker than within the time stipulated in this Charter, dispatch money shall be paid at the rate of one half of the above demurrage rate per day and pro rata for any part of a day all time saved — also for Sundays, Holidays, etc. falling within

Sollen die Sonn- und Feiertage von der Berechnung des Eilgeldes ausgeschlossen sein, so bedarf es einer ausdrücklichen Abrede in der Charter. Dies kann insbesondere durch die Klausel "dispatch money for all working time saved"[45] geschehen oder dadurch, daß die dispatch money-Klausel mit dem Zusatz "Sundays and holidays not to be counted as time saved" vereinbart wird[46].

Das gleiche soll gelten, wenn die Klausel "dispatch money for lay time saved" vereinbart ist[47].

Die Gegenansicht[48] übersieht, daß sich der Umfang der ersparten Zeit jeweils nach dem Inhalt der dispatch money-Klausel bestimmt. Nur dann muß die ganze gesparte Zeit zugrunde gelegt werden, wenn sich aus dem Wortlaut der Klausel nichts anderes ergibt. In diesem Fall aber handelt es sich um eine klare Klausel; die Vertragsparteien haben Eilgeld nur für gesparte Ladetage (Arbeitstage) vereinbart.

Nach Meinung der Baltic and International Maritime Conference[49] sind die gesparten Sonn- und Feiertage bei der Klausel "If the goods are discharged sooner, Owners shall pay Receivers dispatch at half demurrage rate" nicht mitzuvergüten; bei dieser Stipulierung hat der Verfrachter Eilgeld nur für die gesparte Arbeitszeit zu entrichten. Diese Meinung ist abzulehnen. Wie oben dargelegt, ist Eilgeld für die ganze ersparte Zeit zu zahlen, wenn die Berechnungsgrundlage nicht aus dem Wortlaut der Klausel zu entnehmen ist.

---

this time"; vgl. weiter die Eilgeldklausel in der deutschsprachigen Papierholzcharter 15: „Wird der Dampfer schneller als in der festgesetzten Zeit beladen oder entlöscht . . ., so hat das Schiff Eilgeld, und zwar für schnellere Beladung an den Befrachter, für schnellere Entlöschung an den Empfänger mit . . . pro geladenen bzw. gelöschten Faden und Tag von 24 Stunden bzw. pro rata für Teile eines Tages zu bezahlen. — Etwa in die gesparte Zeit fallende Sonntage zählen als volle gesparte Tage mit." Die Klausel sieht hier ausdrücklich Eilgeld für gesparte Sonntage vor, nicht aber für Feiertage. Es ist klar, daß Eilgeld auch für ersparte Sonn- und Feiertage zu zahlen ist, wenn die Charter die Klausel "dispatch money for each running day saved" enthält.

[45] C. A. mixte d'Alexandrie, 10 janvier 1934, Dor 36, 206.

[46] Coastcon 18. Hierher gehört auch die Klausel "dispatch money for each clear day saved"; vgl. *Summerskill* S. 265.

[47] OLG Athen 1465/1960 E. Emp. D. 1961, 346; Chambre Fédérale des appels de la Cité de Buenos-Ayres, 12 décembre 1924, Dor 10, 71; *Smeesters-Winkelmolen* II Nr. 543, S. 109; *Tiberg* S. 418.

[48] *Tsangaris* in NoB 1961 S. 633 kritisiert die Entscheidung des OLG Athen a. a. O. mit dem Argument, daß das Schiff auch die Sonn- und Feiertage nutzen kann.

[49] Hansa 1965 S. 316.

III. Ersparte Zeit bei Eintritt von zufälligen Hindernissen

Es wurde oben erwähnt, daß Eilgeld für die in die gesparte Zeit fallenden Sonn- und Feiertage zu zahlen ist.

Es fragt sich nun, ob Eilgeld auch für die Störungszeiten zu zahlen ist, falls zufällige Hindernisse, die die Ladezeit nach dem Gesetz oder dem Vertrag unterbrechen, nach vorzeitiger Beendigung der Beladung und vor dem Zeitpunkt, in dem die Ladezeit bei voller Ausnutzung enden würde, eintreten. Wir setzen z. B. den Fall, daß eine Ladezeit von sechs Tagen vereinbart ist, daß das Laden am vierten Tag beendet ist und daß am fünften Tag ein Streik ausbricht, der zwanzig Tage andauert.

Ohne die vorzeitige Beendigung der Beladung würde in unserem Beispiel die vereinbarte Ladezeit von sechs Tagen durch den Streik unterbrochen, d. h. sie würde sich um zwanzig Tage verlängern. Die Frage ist hier, ob der Befrachter Eilgeld auch für diese Tage mit der Begründung verlangen kann, daß sich die Ladezeit durch den Streik verlängere.

Von einer Unterbrechung der Ladezeit kann hier keine Rede sein. Der Lauf der Ladezeit wird durch Hindernisse nur dann berührt, wenn die Beladungsarbeiten dadurch tatsächlich unmöglich werden[50].

Treten die Hindernisse nun aber nach Abschluß der Beladung auf, so kann keine Rede von einer Unmöglichkeit der schon durchgeführten Beladungsarbeiten sein. Der Befrachter kann sich also in solchen Fällen auf die Hindernisse nicht berufen und kein Eilgeld verlangen, obwohl die Beschleunigung des Ladens dem Verfrachter einen größeren Gewinn brachte.

Bei diesem Verständnis ist der Verfrachter durch die Beschleunigung gegen Hindernisse geschützt, die zwischen dem Abschluß der Beladung und dem Ende der Ladezeit eingreifen könnten, was ein sehr großer Vorteil für ihn sein kann.

Hinsichlich der zufälligen Hindernisse, die während der Ladearbeiten eintreten und das Laden unmöglich machen, gelten die bereits oben dargelegten Grundsätze, die sowohl beim Liegegeldanspruch als auch beim Eilgeldanspruch zur Anwendung kommen[51]. Bei der Berechnung der ver-

---

[50] Über die Unterbrechung der Ladezeit siehe oben S. 72—98; vgl. auch *Tiberg* S. 419; *Summerskill* S. 264; *Aisenstein* S. 124; Trib. com. Calais, 13 janvier 1925, Dor Sup. 1925, 893; vgl. ferner *Capelle* S. 437. Bei Unterbrechung der Ladezeit muß der Befrachter nicht nur den Eintritt und den Umfang der zufälligen Umstände beweisen, sondern auch daß hierdurch die Beladung unmöglich wurde.

[51] Siehe dazu oben S. 73. Bei einer großen Zahl der dort angeführten Entscheidungen handelt es sich um Eilgeldansprüche.

brauchten Ladezeit werden also die Hemmungszeiten als nicht verbraucht angesehen, soweit nichts anderes speziell für den Fall des Eilgeldanspruchs bestimmt ist, was aber selten der Fall ist. So heißt es in Centrocon 30:

"For the purpose, however, of settling dispatch money accounts any time lost by the Steamer through any of the above causes shall be counted as time used in loading."

Manchmal entstehen Meinungsverschiedenheiten darüber, ob der Befrachter Eilgeld verdienen kann, falls die Hindernisse die normale Ladezeit erschöpft haben und folglich das Schiff länger als ursprünglich vorgesehen auf die Beladung gewartet hat.

Die Ladezeit verlängert sich hier um die Tage der Verhinderung, und es kann möglich sein, daß die Beladung durch besondere Anstrengungen des Befrachters vor Ablauf dieses Zeitraums vollendet wird, also vor dem Zeitpunkt, an dem das Schiff einen Liegegeldanspruch haben würde. Kann in diesem Fall die Rede von ersparter Zeit sein, oder ist der Sinn der Eilgeldklausel der, daß der Verfrachter Eilgeld nur für den Fall verspricht, daß sein Schiff vor Ablauf der eigentlichen Ladezeit abfahren kann[52]?

Die Ansicht[53], daß die Zeit der Hemmung auch hier nicht als verbraucht gilt und die Dauer der Ladezeit die gleiche ist, einerlei ob es sich um den Liegegeld- oder Eilgeldanspruch handelt, erscheint richtig.

Dabei ist auch zu berücksichtigen, daß der Verfrachter nicht verlangen kann, daß das Laden nach Wegfall des Hindernisses nach Möglichkeit beschleunigt wird; mit anderen Worten, der Befrachter kann die verlängerte Ladezeit voll ausnutzen. Will man hier Eilgeld verweigern[54], dann würde dem Verfrachter ein gesetzliches Mittel fehlen, nach Wiederaufnahme der Arbeiten auf Beschleunigung des Ladens zu drängen, damit die verlängerte Ladezeit womöglich nicht voll ausgenutzt wird. Der Verfrachter kann möglichst schnell wieder die Verfügung über sein Schiff erhalten, wenn der Befrachter einen Anreiz erhält, das Schiff nach Wegfall des Hindernisses beschleunigt abzufertigen.

---

[52] Man könnte hier eine für den Verfrachter günstige Bemerkung anfügen: die Ladezeit wird nach dem Gesetz oder dem Klauselrecht unterbrochen, damit der Befrachter nicht verpflichtet ist, in den Fällen, in denen die Beladung durch Zufall verhindert wird, Liegegeld zu bezahlen.

[53] *Capelle* S. 434—435; *Smeesters-Winkelmolen* II Nr. 543, S. 110.

[54] C. A. mixte d'Alexandrie, 24 décembre 1924, Dor 13, 175; vgl. auch *Papamichalopoulos* S. 109, 111.

C. Höhe des Eilgeldes

Die Höhe des Eilgeldes beträgt fast immer die Hälfte des Liegegeldes. So heißt es z. B.:

"dispatch money shall be paid ... at the rate of one-half of the above rate of demurrage"[55].

Klauseln, die ein höheres Eilgeld bestimmen, sind nicht bekannt. Dagegen findet sich selten die Klausel:

"Vessel to pay dispatch money at one-third of the demurrage rate"[56].

Es fragt sich nun, ob das vereinbarte Eilgeld nur für ersparte ganze Tage oder auch für gesparte Stunden gezahlt werden soll. Die Klauseln geben häufig darauf Antwort. Das Eilgeld wird gewöhnlich pro Tag oder pro Bruchteil davon festgesetzt. So lautet z. B. die Eilgeldklausel:

"The Vessel shall pay Charterers ... per day and pro rata for part of day ..."[57].

oder

„Eilgeld ... pro geladenen bzw. gelöschten Faden und Tag von 24 Stunden bzw. pro rata für Teile eines Tages"[58]

oder

"If the Vessel is despatched sooner than the time allowed aforesaid, the Owner to pay Merchants ... per hour for every hour saved"[59].

Bei diesen Klauseln ist klar, daß Eilgeld auch für gesparte Teile (Stunden oder Minuten) eines Tages beansprucht werden kann.

---

[55] Austwheat 13; vgl. Hamburger Schiedsspruch 1. 2. 1957 Hansa 1957 S. 646—647: "... If longer detained, Consignee to pay Vessel demurrage at the rate of £ 300-Br. Currency per running day ... If sooner despatched Vessel to pay Charterer ... £ 150-Br. Currency per day ... despatch money"; ebenso lautet die Klausel in Pteroti Compania Naviera S. A. v. National Coal Board (1958) 1 Lloyd's Rep. 245; vgl. auch Compania Naviera Azuero S. A. v. British Oil & Cake Mills Ltd. (1957) 1 Lloyd's Rep. 312 = Hansa 1957 S. 1882: "... receivers to pay demurrage at rate of £ 300 per day or pro rata for part of day. If laytime saved, owners to pay dispatch money at the rate of £ 150 per day or pro rata"; vgl. weiter OLG Thessaloniki 18/1967 E. Emp. D. 1967, 239; Trib. com. Seine, 10 mars 1958, D. M. F. 1959, 296; Schutzv. Hansa 1957 S. 1819; BIMCO Hansa 1965 S. 316. Die „Regeln von Athen" bestimmen auch: "The rate of payment for despatch money is half that for demurrage."

[56] United British S. S. Co. Ltd. v. Ministry of Food (1951) 1 Lloyd's Rep. 111. Nach *Papamichalopoulos* S. 110 wäre es gerechter, wenn das Eilgeld die Höhe des Liegegeldes betragen würde, weil das Eilgeld das Gegenstück zum Liegegeld ist.

[57] Russwood 6 a; Canadawood 13; vgl. auch Coastcon 18: "Owners to pay ... per gross ton per running day (or pro rata for part thereof) dispatch money."

[58] Papierholzcharter 15.

Unter dem Ausdruck "day" ist ein Kalendertag von 24 Stunden zu verstehen. Dies gilt auch, wenn die Charter die Klausel "Dispatch money ... for all working time saved ... at the rate of ... per day, or pro rata for part of day" enthält[60].
Ist ein dispatch money "per day" ohne den Zusatz "and pro rata for part of day" vereinbart[61], so kann der Befrachter Eilgeld nur für ersparte ganze Tage, nicht aber für ersparte Stunden verlangen[62].
Ferner wird angenommen, daß, wenn Eilgeld "for all time saved" zugesagt ist, die Berechnung des Eilgeldes nach Stunden zu erfolgen hat, auch wenn die Höhe des Eilgeldes "per day" vereinbart ist[63].

D. Gläubiger des Eilgeldes

Wurde Zeit durch schnelleres Laden eingespart, so hat der Befrachter gegen den Verfrachter auf Grund des Frachtvertrages einen Anspruch auf Zahlung des vereinbarten Eilgeldes[64].
Manchmal entstehen im Löschhafen Streitigkeiten über die Frage, ob der Empfänger berechtigt ist, das Eilgeld für vorzeitige Beendigung der Ent-

---

59 Baltcon 16.
60 Thomasson hipping Co. Ltd. v. Henry W. Peabody & Co. of London (1959) 2 Lloyd's Rep. 296; der Verfrachter vertrat hier den Standpunkt, "for all working time" bedeute "for every working hour saved" und "day" sei "an artificial period" von 24 Arbeitsstunden, so daß ein "day" drei Kalendertage umfaßt, wenn die Arbeitszeit acht Stunden beträgt; der Charterer sei somit berechtigt, Eilgeld für einen Tag zu beanspruchen, wenn er die Beladung drei Kalendertage vor dem Ende der Ladezeit vollende. Das Gericht hat aber diesen Standpunkt zurückgewiesen und entschieden, die Worte "for all working time saved" bedeuten nur, daß für ersparte Sonn- und Feiertage kein Eilgeld zu zahlen ist. Vgl. auch *Tiberg* S. 419; *Summerskill* S. 260.
61 Die Klausel lautet hier z. B.: "Steamer to pay £ . . . per day despatch money."
62 HansOLG 4. 7. 1923 HGZ 1923 Sp. 235—237; *Smeesters-Winkelmolen* II Nr. 543, S. 109 und die dort angeführte Rechtsprechung; *Papamichalopoulos* S. 110.
63 *Smeesters-Winkelmolen* II Nr. 543, S. 109: «La despatch money convenue pour ‹any time saved› se compte par heure et non par jour, même si le taux de la despatch money est conventionnellement fixé par jour. L'expression ‹any time saved› démontre que les parties ont entendu stipuler que l'indemnité serait payée même pour des fractions de jour.» Vgl. auch *Papamichalopoulos* S. 110 und die dort angeführte Rechtsprechung.
64 In manchen Charterpartien wird vorgesehen, daß das Eilgeld vor der Abfahrt des Schiffes zu zahlen ist; so heißt es in Centrocon 16: "Despatch Money (which is to be paid to charterers before Steamer sails) shall be payable for all time saved in loading . . ." Vgl. *Tiberg* The Claim S. 93.

löschung zu beanspruchen. Der Verfrachter weigert sich, das in der Charter vereinbarte Eilgeld an den Empfänger zu zahlen mit der Begründung, daß nur der Befrachter, der den Frachtvertrag unterschrieben hat, einen Anspruch auf Zahlung des Eilgeldes haben könne.
Nach der herrschenden Meinung[65] hat der Empfänger einen Anspruch auf Eilgeld für die im Löschhafen gesparte Zeit nur dann, wenn das Konnossement die Erfüllung an ihn vorsieht oder im Konnossement auf den Frachtvertrag Bezug genommen wird. In diesem Fall wird das Schiff nicht befreit, wenn die Erfüllung an den Befrachter erfolgt ist.
Sagt das Konnossement darüber aber nichts und verweist es auch nicht auf die Charterpartie, so kommt das im Löschhafen verdiente Eilgeld dem Befrachter zugute[66]. Die Empfänger ziehen gewöhnlich das Lösch-Eilgeld von der Fracht ab.

---

[65] *Smeesters-Winkelmolen* II Nr. 543, S. 110; *Tiberg* The Claim S. 93; *Prüssmann* I 594 F, S. 513; *Papamichalopoulos* S. 107; anders C. A. Gênes, 24 avril 1925, Dor 13, 322: «C'est le réceptionnaire, et non l'affréteur, qui a droit à la despatch-money afférente au temps économisé au déchargement; et sans qu'il y ait à distinguer si le connaissement renvoie ou non à la charte-partie, car, en l'absence de référence même, le réceptionnaire, de même qu'il est lié par celles des clauses de la charte-partie relatives à la délivrance, peut invoquer ces mêmes clauses. Donc, le paiement de la despatch-money à l'affréteur n'est pas libératoire pour le navire, pour le temps gagné au déchargement»; so auch C. A. Gênes, 30 avril 1925, Dor 14, 471.
[66] Vgl. *Smeesters-Winkelmolen* a. a. O.

Anhang: Texte

1. DÄNEMARK, FINNLAND, NORWEGEN, SCHWEDEN

Vorbemerkung

Die skandinavischen Seegesetze (Dänemark: Sølov 7. 5. 1937, Norwegen: Lov 4. 2. 1938, Schweden: Lag 5. 6. 1936, alle in Kraft seit dem 1. Januar 1939; Finnland: 9. 6. 1939, in Kraft seit dem 1. Januar 1940) stimmen fast vollständig überein. Deshalb ist im folgenden nur die norwegische Fassung in der amtlichen Übersetzung in die englische Sprache wiedergegeben worden.

Law from 4th of February 1938
Chapter V. Affreightment

II. Voyage chartering
Loading berth

§ 77. If no particular berth has been agreed on the ship shall be placed in such berth as the charterer selects provided that there is free access to the berth, and the ship may lie there safely afloat, and unhindered get out again with the goods on board.

If no selection has been made in time the ship shall be placed in any usual berth. If this is impossible the carrier shall choose a berth where loading may take place under reasonable conditions.

§ 78. Whether or not a particular berth has been agreed upon, the charterer may require the ship to be warped from one loading berth to another, the charterer paying the expenses incurred.

§ 79. If the contract of carriage is for general cargo, the charterer cannot select a loading berth or require warping without being so entitled by agreement or custom.

Time for loading

§ 80. The carrier shall be bound to let the ship lie for loading for a time comprising laytime and time on demurrage.

The carrier shall be entitled to special remuneration for any time on demurrage.

§ 81. The laytime shall be: —
For ships with no power-driven loading equipment of their own, if the net register tonnage does not exceed 50 tons, two days; if it is over 50 but not over 100 tons, four days; if it is over 100 but not over 200 tons, five days; if it is over 200 but not over 400 tons, six days;
for ships with their own power-driven loading equipment if the net register tonnage does not exceed 75 tons, two days; if it is over 75 but not over 200 tons, three days; if it is over 200 but not over 400 tons, four days.
If the tonnage of the ship is larger, the laytime shall be the time which at the time of entering into the agreement could reasonable be expected to be used for loading having regard to the type and size of the ship and the nature and quantity of the cargo, the loading equipment on board and in the port, and other circumstances of the same kind.
The time shall be reckoned either from the hour in the morning when work.

§ 82. The laytime shall not commence until the ship is in its loading berth, ready to receive cargo, and notice thereof has been given to the charterer or to the shipper, or to anyone named as such. The notice may be given beforehand, but not until the ship has arrived at the port of loading.
The time shall be reckoned either from the hour in the morning when work in the port usually commences, or from the end of the midday rest. In the former case the notice must be given at the latest by 4 p.m. on the previous working day, in the latter case at the latest by 10 a.m. on the same day.
If the shipper is not to be found, the notice shall be deemed to have been given at the time when it is dispatched by suitable means, or if his address is not known, when it is published in the usual way.

§ 83. Even if the ship cannot be berthed, notice may be given that it is ready for loading with the result that the laytime commences to run, provided the hindrance is due to a circumstance attributable to the shipper.
If no particular berth has been agreed on, the same shall apply also if the hindrance is caused by congestion or similar circumstances which the carrier could not reasonably have foreseen when the contract was entered into.

§ 84. Delay by warping the ship in accordance with § 78 shall be counted as part of the laytime, but not so time lost by any hindrance on the part of the ship.
If the ship by reason of circumstances which the carrier could reasonably have foreseen when the contract was entered into, is placed in an unusual berth, any time lost thereby shall not count.

§ 85. The time on demurrage shall be half the lay-time, but when a whole ship is chartered, at least there days.
The time shall be counted in working days and working hours, but the demurrage on the basis of running days and running hours from the expiry of the laytime. The provisions of § 84 shall apply correspondingly to calculation of the time on demurrage and of the demurrage.
The demurrage rate shall be fixed on the basis of the freight but taking into account the increase in the carrier's expenses caused by the ship lying idle.
The demurrage falls due day by day.

Unless the demurrage is paid or security given, the claim may be endorsed on the bill of lading.

§ 87. If a combined time has been stipulated for loading and unloading, the time used for loading must be limited in such wise that a reasonable time is left for unloading.

Demurrage shall not accrue until the combined laytime has expired.

§ 88. If the conctract of carriage is for general cargo, the time for loading shall be adjusted according to the circumstances, and the notification to the shipper shall be given with a reasonable notice. The provision relating to time on demurrage shall not apply.

For ships in liner trade, no notice can be demanded.

The loading

§ 89. The charterer shall deliver the goods alongside. The carrier shall take them on board, provide any dunnage and other equipment necessary for their stowage, and effect this.

If the ship has been placed in an unusual loading berth by reason of any circumstances which the carrier could reasonably have foreseen when the contract was entered into, the carrier shall be bound to take delivery of the goods at a usual loading berth.

§ 90. The charterer shall deliver and the carrier shall load the goods with due dispatch.

The goods shall be delivered in such order and in such manner as will render loading stowage and unloading convenient.

§ 96. The carrier shall be entitled to claim compensation as for demurrage if the ship is detained beyond the time for loading because the shipper has failed to produce in time the necessary documents relating to the goods, or to give orders relating to the place of destination or to give other instructions with regard to the voyage.

For any damage not covered by the above compensation the carrier shall also be entitled to claim compensation unless the said failure must be held not to be due to error or negligence on the part of the shipper or anyone for whom he is responsible.

Loading berth, loading time and unloading

§ 105. With regard to the unloading berth the provisions of §§ 77—79 shall apply correspondingly. Every provision contained therein relating to the charterer shall here apply to the receiver of the goods.

If there are several receivers of goods carried pursuant to the same contract of carriage, they shall not be entitled to select unloading berth or require warping unless they all agree.

§ 106. With regard to the time for unloading the provisions of §§ 80—88 shall apply correspondingly. Every provision contained therein relating to the shipper shall here apply to the receiver.

§ 107. The carrier shall deliver and the receiver take delivery of the goods alongside.

If the ship cannot be placed in a usual unloading berth by reason of any circumstances which the carrier could reasonably have foreseen at the time when the contract was entered into, the carrier shall be bound to deliver the goods at a usual unloading berth.

§ 108. The goods shall be delivered and received with due dispatch. They shall be delivered in such order and in such a way as will render their receipt convenient.

§ 109. The provisions of § 96 shall apply correspondingly if the unloading is not completed in due time, and this is not the result of any delay on the part of the ship.

§ 110. If there are several receivers of goods carried pursuant to the same contract of carriage, and one of them has paid demurrage or compensation for further detention resulting from any circumstance for which another receiver is responsible, the former shall be entitled to an indemnity from the latter.

Delivery of the goods

§ 111. Any receiver who proves his identity shall be entitled to inspect the goods before he takes delivery of them.

§ 112. By taking delivery of the goods the receiver becomes liable for the freight and other charges to which the carrier is entitled under a bill of lading or other document governing the relationship between carrier and receiver.

§ 113. The carrier shall not be bound to deliver the goods until the receiver has paid or deposited the amounts to which the carrier is entitled in accordance with § 112, and any other amounts the payment of which is secured by a maritime lien on the goods. The provisions of § 215 apply for general average contributions.

Amounts which are deposited shall be released to the carrier when the goods are delivered, unless the receiver prevents such release by arrest or other provisional judicial action.

§ 114. The carrier shall be entitled to land and warehouse the goods in safe custody for the account of the receiver if the latter fails to comply with the terms of delivery of the goods, or if he delays the unloading, preventing thereby its completion in due time. He shall give notice of the warehousing to the receiver.

The carrier shall if possible at once give notice to the shipper if the receiver refuses to take delivery of the goods or if he is not known or not available. The carrier shall land and warehouse the goods if the receiver does not apply for cargo early enough for the timely completion of the unloading. He shall give notice of the warehousing to the shipper and the charterer.

2. GRIECHENLAND

Kodex Idiotikou Nautikou Dikaiou
(Kodex des privaten Seerechts vom 1. September 1958)
(Übersetzung des Verfassers)

Art. 116

Liegezeit

Ist die Lade- und Löschzeit durch Vertrag nicht festgesetzt, so gilt der Ortsgebrauch.

Art. 117

Der Verfrachter ist verpflichtet, während der ganzen für die Beladung erforderlichen Zeit ohne besondere Vergütung zu warten und das Schiff dazu an einem geeigneten Platz und in geeignetem Zustand zur Verfügung zu halten (Ladezeit).
Die Dauer der Ladezeit wird in Ermangelung einer Vereinbarung nach billigem Ermessen und mit Rücksicht auf die Verhältnisse und Ortsgebräuche des Ladehafens festgesetzt.
In die Ladezeit werden die Tage nicht eingerechnet, an denen infolge eines gesetzlichen Feiertages oder infolge irgendwelcher anderer Ereignisse die Abladung für jeden Befrachter unmöglich wäre.

Art. 118

Nachdem die Ladezeit gemäß der Vorschrift des vorigen Artikels abgelaufen ist, ist der Verfrachter verpflichtet, noch länger zu warten, sofern dies durch Vertrag bestimmt oder üblich ist (Überliegezeit).
Die Überliegezeit beginnt mit dem Ablauf der Ladezeit. Ist diese Zeit durch Vertrag nicht festgesetzt, so beginnt die Überliegezeit erst, nachdem der Verfrachter dem Befrachter erklärt hat, daß die Ladezeit abgelaufen sei oder an welchem Tag die Ladezeit enden soll.

Art. 119

Der Verfrachter ist befugt, für die Überliegezeit eine besondere Vergütung zu verlangen, die sich nach billigem Ermessen bestimmt. In die Überliegezeit werden die Feiertage und Tage der Unmöglichkeit der Abladung im Sinne des Art. 117 Abs. III eingerechnet.

Art. 120

Nach dem Ablauf der Ladezeit oder, wenn eine Überliegezeit vereinbart ist, nach dem Ablauf der Überliegezeit ist der Verfrachter nicht verpflichtet, auf die Abladung noch länger zu warten, wenn er dem Befrachter seinen Willen spätestens drei Tage vor der Abfahrt, unter Einrechnung der Feiertage, erklärt.

Art. 128

Bei der Verfrachtung eines Schiffes im Ganzen oder zu einem Teil hat der Verfrachter dem Empfänger Anzeige zu erstatten, wenn das Schiff im Löschhafen angekommen und zum Löschen bereit ist.

Ist der Empfänger selbst oder seine Wohnung unbekannt, so kann statt der Anzeige an den Empfänger eine Bekanntmachung auf die geeignetste Weise unter Berücksichtigung der örtlichen Verhältnisse stattfinden.

Art. 129

Mit dem Tage, der auf die Anzeige im Sinne des vorigen Artikels folgt, beginnt die Löschzeit. Die Dauer der Löschzeit wird in Ermangelung einer Vereinbarung nach billigem Ermessen und mit Rücksicht auf die Verhältnisse und Ortsgebräuche des Ladehafens festgesetzt.
Nachdem die Löschzeit gemäß Abs. I abgelaufen ist, ist der Verfrachter verpflichtet, noch länger zu warten, sofern dies im Vertrag bestimmt oder üblich ist (Überliegezeit für die Löschung).
Was übrigens die Löschzeit und die Überliegezeit im Löschhafen anbelangt, so werden entsprechend die Bestimmungen der Artikel 117 bis 119 über die Ladezeit und die Überliegezeit im Ladehafen angewandt.

3. ITALIEN

Codice della Navigazione
(Translation by Manca, The italian code of navigation from 1942, Milano 1958)
Carriage of total or partial cargo

441. (Place of anchorage or mooring). — If the contract does not specify the place of anchorage or mooring, the Shipper can request that the ship be brought to the place chosen by him, unless otherwise ordered by the Harbour Master, provided that the entrance there, the stoppage and departure are possible without danger.
If the Shipper does not choose in due time such a place, the ship is brought alongside the usual place. In the event that this is not possible, the Master chooses another place, taking into consideration the Shipper's interest.

442. (Delivery and re-delivery of the goods). — In default of any contrary agreement, port regulations or local custom, the Carrier receives and redelivers the goods alongside under ship's tackle.

444. (Commencement and duration of the lay-days). — Excepting the case of contrary agreement, port regulations or local custom, the lay-days for loading and unloading commence from the time in which the vessel is ready for loading or unloading and the Shipper or the Consignee has received the notice of readiness.
In default of agreement, regulation or custom, the duration of the lay-days must be fixed by the Harbour Master, taking into account the available means in the place of loading and unloading, the structure of the vessel and the nature of the cargo; the above duration must be notified in due time to the Shipper or Consignee.

445. (Calculation of lay-days). — The duration of lay-days is computed by working days. Holidays according to law and local custom are not calculated as working days.
The period of the lay days is suspended in the days in which loading and unloading operations are prevented by reason beyond the control of the Shipper or Consignee.

446. (Commencement and duration of demurrage). — If the lay-days expire without the loading or unloading having been finished for cause imputable to the Shipper or Consignee, demurrage is due.
In default of contrary agreement, regulation or local custom, the period of demurrage is of so many running days as those of working lay-days.

447. (Suppression of the loading demurrage). — If the loading lay days expire without having been loaded, for cause imputable to the Shipper, a quantity sufficient to guarantee the Carrier's credits, the Master is not bound to await the expiration of the demurrage unless a congruous guarantee is given to him.

448. (Calculation of the demurrage). — The reward for demurrage is calculated in consecutive hours and days and must be paid day by day.
In default of contrary agreement, the above compensation is fixed in proportion of the ship's dead weight, according to custom.
Nevertheless, for the period during which the loading or unloading operations are hindered by cause not imputable to the Shipper or Consignee, instead of the reward for demurrage, a reward in proportion of the freight is due.

449. (Extraordinary demurrage). — After the expiration of the demurrage for loading, the Master has the option of sailing without awaiting the loading or its completion, on condition that notice is given at least twenty four hours prior to sailing; in this case freight and reward for demurrage are due.
If the Master does not avail himself of this option, for the further delay, agreed upon with the Shipper, a compensation of demurrage is due increased by half, provided that no other agreement, regulation or custom exists.
After the expiration of the demurrage for unloading without completion of the latter, a reward for extraordinary demurrage is due for the duration and in the measure above indicated excepting the option of the Master of unloading the goods according to art. 450.

4. JAPAN

The Commercial Code of Japan
(Under Authorization of the Ministry of Justice, Tokyo 1955)

(Notice for loading goods)

Article 741. In cases a contract of carriage has been made with reference to the whole of a ship, the shipowner shall, as soon as the preparations necessary for loading the goods have been completed, despatch notice thereof to the charterer without delay.

2. If the period allowed for the loading of the goods by the charterer has been determined, such period shall be computed from the day following that on which the notice mentioned in the preceding paragraph was given. If any goods have been loaded after the expiration of such period, the shipowner may, even in the absence of any special agreement, demand reasonable remuneration.
3. The period mentioned in the preceding paragraph shall not include any days during which it has been impossible by reason of vis major to effect the loading.

(Goods from third person)

Article 742. In cases where the master is to receive the goods from a third person, if it is impossible for him to ascertain such person or if such person does not load the goods, the master shall immediately despatch notice thereof to the charterer. In such case, the charterer may load the goods, but only within the period allowed for the loading.

(Unloading goods)

Article 752. When, in cases where a contract of carriage has been made with reference to the whole or a part of the ship, all preparations necessary for unloading the goods have been completed, the master shall despatch notice thereof to the consignee without delay.
2. If the period allowed for unloading the goods has been determined, such period shall be computed from the day following that on which the notice mentioned in the preceding paragraph was given. If any goods have been unloaded after the expiration of such period, the shipowner may, even in the absence of any special agreement, demand reasonable remuneration.
3. The period mentioned in the preceding paragraph shall not include any days during which it has been impossible by reason of vis major to effect the unloading.

5. NIEDERLANDE

Wetboek van Koophandel
Tweede Boek
(Übersetzung von Schadee, Niederländisches Seerecht,
Textausgabe, Haag 1929)

§ 4. Reisebefrachtung

518 l. Der Befrachter bezeichnet die Stelle, an der das Schiff zur Beladung zu liegen hat.
Er hat hierzu einen üblichen zur Verfügung stehenden Ladeplatz anzuweisen, wo das Schiff sicher und flott hinkommen und liegen bleiben kann.
Weist der Befrachter mehrere Ladeplätze nacheinander an, so gehen die Kosten des Verholens, einschließlich des Schadenersatzes wegen Zeitverlustes für seine Rechnung.

518 m. Unterläßt derBefrachter diese Anweisung rechtzeitig zu geben, oder sind die Befrachter, wenn es mehrere sind, in der Anweisung nicht einig, so steht es dem Verfrachter frei, den Ladeplatz selbst zu wählen. Er ist dann verpflichtet, einen üblichen Ladeplatz zu wählen.

518 o. Der Befrachter muß die einzuladenden Güter ans Schiff bringen und an die vom Verfrachter zu stellenden Ladewerkzeuge anschlagen.

518 p. Der Verfrachter ist verpflichtet, die zur Einladung gebrachten Güter so schnell anzunehmen, wie die Einrichtung des Schiffes gestattet.
Hält er die Einladung auf, so hat er dem Befrachter den Schaden zu ersetzen.

518 q. Der Verfrachter hat dem Befrachter schriftlich bekanntzugeben, an welchem Tage das Schiff am Ladeplatz zur Beladung bereit ist.
Die Ladezeit beginnt mit diesem Tage, aber nicht vor dem ersten Werktage nach der Bekanntgabe.

518 r. Ist die Ladezeit nicht in der Chartepartie bestimmt, so gilt als solche die Zeit, in der die Beladung beendet werden kann, wenn die Güter an Werktagen während der üblichen Stunden und in der ortsüblichen Weise mit der Eile ans Schiff gebracht werden, die unter den obliegenden Umständen billigerweise möglich ist und die die Fähigkeit des Schiffes zur Abnahme gestattet.

518 u. Sind Überliegetage vereinbart, so hat der Verfrachter nach Ablauf der Ladezeit noch zu warten, bis die Überliegetage abgelaufen sind.
Nach Ablauf der Überliegetage kann der Verfrachter, wenn die Güter auch dann noch nicht beschafft sind, in der im vorigen Artikel angegebenen Weise verfahren. In diesem Falle kann er Überliegegeld und Schadenersatz verlangen.

518 v. Bestimmt die Chartepartie die Zahl der Überliegetage, aber nicht das Überliegegeld, so wird dieses im Streitfalle vom Richter nach billigem Ermessen festgesetzt.
Bestimmt die Chartepartie das Überliegegeld, aber nicht die Zahl der Überliegetage, so beträgt diese Zahl acht Tage.

518 w. Ist die Zahl der Liegetage oder Überliegetage in der Chartepartie bestimmt, so kommen bei der Berechnung Tage, an denen der Verfrachter säumig oder verhindert ist, die Ladung zu übernehmen, nicht in Ansatz; ebensowenig kommen bei der Berechnung der Liegetage die Tage in Ansatz, die nicht Werktage sind.

518 x. Ist bei Ablauf der Ladezeit, oder, wenn Überliegetage vereinbart sind, bei Ablauf dieser, die Ladung nur teilweise beschafft, so kann der Verfrachter, ohne länger zu warten, die Reise antreten. Er ist befugt, statt des fehlenden Teiles der Ladung Güter anderer (Beiladung) zur Beförderung anzunehmen.
Der Befrachter ist zum Ersatz des Schadens verpflichtet, der dem Verfrachter infolge der Unvollständigkeit der Ladung erwächst, sowie zur Entrichtung des Überliegegeldes, wenn Überliegetage vereinbart waren.
Ist als Fracht eine runde Summe vereinbart, so ist diese ganz zu zahlen, abzüglich der Fracht für etwaige Beiladung.

518 y. Sind mehrere Befrachter vorhanden, so ist jeder von denen, der die vereinbarten Überliegetage benutzt, dem Verfrachter gegenüber zur Entrichtung des Überliegegeldes verpflichtet, unbeschadet seines Rückgriffs auf denjenigen, der ihn etwa verhindert hat, seine Güter vor dem Anfang der Überliegetage zur Verladung zu bringen.

519 g. Der Befrachter bezeichnet die Stelle, an der das Schiff zu löschen hat.
Er hat hierzu einen üblichen zur Verfügung stehenden Löschplatz anzuweisen, wo das Schiff sicher und flott hinkommen und liegen bleiben kann.
Weist der Befrachter mehrere Löschplätze nacheinander an, so gehen die Kosten des Verholens, einschließlich des Schadenersatzes wegen Zeitverlustes für seine Rechnung.

519 h. Unterläßt der Befrachter diese Anweisung rechtzeitig zu geben, oder sind die Befrachter, wenn es mehrere sind, in der Anweisung nicht einig, so steht es dem Verfrachter frei, den Löschplatz selbst zu wählen. Er ist dann verpflichtet, einen üblichen Löschplatz zu wählen.

519 i. Ist das Schiff am Löschplatz angekommen und zur Ablieferung der Ladung bereit, so hat der Verfrachter dies dem Befrachter oder dessen Vertreter anzuzeigen. Außerdem hat der Reeder dies in der üblichen Weise öffentlich bekanntzugeben, wenn die für die verladenen Güter ausgestellten Konnossemente von ihm oder in seinem Namen oder vom Kapitän oder in dessen Namen unterschrieben sind.

519 j. Der Verfrachter ist verpflichtet, die Güter abzuliefern, so schnell es die Einrichtung des Schiffes gestattet.
Hält er den Befrachter bei der Annahme auf, so hat er den Schaden zu ersetzen.

519 k. Der Befrachter hat die Güter aus den vom Verfrachter zu stellenden Löschwerkzeugen abzunehmen.
Er hat damit am ersten Werktage zu beginnen, nachdem er die in Artikel 519 i erwähnte Anzeige erhalten hat, und damit so schnell fortzufahren, wie es den obwaltenden Umständen entsprechend billigerweise möglich ist und es die Fähigkeit des Schiffes zur Ablieferung gestattet.

519 l. Unterläßt er dies, so ist der Frachtführer befugt, die Güter auf Kosten und Gefahr des Befrachters in Leichter zu löschen oder an einem dazu geeigneten Verwahrungsort zu hinterlegen.

519 m. Der Verfrachter, der diese Befugnis ausübt, ist verpflichtet, die Löschung oder die Hinterlegung einzustellen, wenn der Befrachter sich nachträglich zur Annahme meldet und die nötigen Maßnahmen ergreift, sie mit der erforderlichen Eile zu beenden.

519 n. Der Befrachter ist zur Abnahme nur an Werktagen während der üblichen Arbeitsstunden und in solcher Weise verpflichtet, wie ortsüblich ist oder billigem Ermessen entspricht.

519 o. Kann der Verfrachter die Befugnis zur Löschung oder Hinterlegung nicht ausüben, so hat der Befrachter ihm den durch die nicht rechtzeitige Abnahme entstandenen Schaden zu ersetzen.

519 p. Ist in der Chartepartie eine bestimmte Zahl Liegetage oder Liegetage und Überliegetage vereinbart, so darf der Verfrachter zur Löschung und Hinterlegung erst schreiten, wenn sich nach Ablauf jener Tage noch Güter im Schiffe befinden.

Bei der Berechnung dieser Tage kommen Tage, an denen der Verfrachter säumig oder verhindert ist, die Ladung auszuliefern, nicht in Ansatz; ebensowenig kommen bei der Berechnung der Liegetage die Tage in Ansatz, die nicht Werktage sind.

519 q. Für die Überliegetage hat der Befrachter das vereinbarte Überliegegeld zu entrichten. Bestimmt die Charterpartie das Überliegegeld nicht, so wird dies im Streitfalle vom Richter nach billigem Ermessen festgesetzt.

Bestimmt die Charterpartie das Überliegegeld, aber nicht die Zahl der Überliegetage, so beträgt diese Zahl acht Tage.

W DE G

Walter de Gruyter
Berlin · New York

Übersee-Studien

zum Handels-, Schiffahrts- und Versicherungsrecht

Herausgegeben von Hans Möller und Hans Würdinger

Zuletzt erschienen:

Rainer Peters

Der Beginn der Liegezeit nach See- und Binnenschiffahrtsrecht unter Berücksichtigung gebräuchlicher Charterformulare

Oktav. XIX, 188 Seiten. 1964. Kartoniert DM 28,–
ISBN 3 11 001140 9 (Heft 32)

Ismene Androulidakis-Dimitriadis

Der Passagiervertrag auf See

Eine rechtsvergleichende Darstellung

Oktav. XXXVI, 258 Seiten. 1967. Kartoniert DM 44,–
ISBN 3 11 001141 7 (Heft 33)

Wilfried Vierheilig

Das Kaufrecht der Bedingungen der Bremer Baumwollbörse

Band 1. Die „Regulierung" des Kaufvertrags (Rückverrechnung der Ware zum Tagespreis) als Rechtsfolge von Leistungsstörungen

Oktav. XX, 207 Seiten. 1968. Kartoniert DM 38,–
ISBN 3 11 001142 5 (Heft 34)

Panayotis Kanellakis

Die Versicherung des Schiffsneubaus

Eine rechtsdogmatische Studie

Oktav. XVI, 136 Seiten. 1969. Kartoniert DM 26,–
ISBN 3 11 001143 3 (Heft 35)

Wolfgang Friedrich Lotter

Beweislast im Seefrachtrecht

Oktav. XX, 175 Seiten. 1969. Kartoniert DM 38,–
ISBN 3 11 001144 1 (Heft 36)